Georg Lehmacher

Stille Weihnachtswunder

Georg Lehmacher

Stille Weihnachtswunder

Geschichten von Freundschaft und Liebe

PATTLOCH

Besuchen Sie uns im Internet:
www.pattloch.de

FSC
www.fsc.org
MIX
Papier aus verantwortungsvollen Quellen
FSC® C012425

Umschlaggestaltung: ZERO Werbeagentur, München
Satz: Adobe InDesign im Verlag
Druck und Bindung: Offizin Andersen Nexö Leipzig GmbH, Zwenkau
Printed in Germany
ISBN 978-3-629-13019-8

2 4 5 3 1

Inhalt

Endstation Rudow

An diesem Tag war ich sehr zufrieden mit mir. Ich war mit meiner Arbeit gut fertig geworden und hatte Karten für einen Liederabend mit klassischen Stücken zum Advent und erinnere mich, dass mir dieser Mann, der in der U-Bahn schräg gegenübersaß, schon am Bahnsteig durch sein Schwanken aufgefallen war. Und daran, dass seine Augen gerötet waren und ich mir dachte, dass er vielleicht trinkt oder Drogen nimmt. Dass dieser Mann einfach nur verweinte Augen haben könnte, darauf kam ich in diesem Moment nicht.

An jenem Dezembertag vor etwas mehr als fünfzehn Jahren lag eine dicke Schneedecke über allem. Seit Tagen schneite es immer wieder aus den dicken grauen Wolken, und die Stadt wirkte wie verzaubert.

Es ist kurz nach sechs Uhr abends. Die U-Bahn der Linie 7 ist auf dem Weg nach Rudow. Es sind noch acht Haltestellen bis zur Endstation.

Ein ungeschriebenes Gesetz scheint auch in dieser U-Bahn zu gelten, dem sich die meisten dieser Menschen, die fast jeden Tag mit diesem Zug fahren, unterwerfen, und dieses Gesetz heißt: Man schaut sich nicht ins Gesicht, man vermeidet Blickkontakt. Sollten sich irgendwo Menschen unterhalten, die gemeinsam in diesem Zug sitzen, dann hört man weg, oder man gibt sich zumindest den Anschein, dass

man das Gespräch nicht wahrnimmt. Die ungewollte Nähe in diesem Zug, in dem man mit fremden Menschen zusammensitzt, erzwingt eine Distanz, die im Gedachten größer ist als im Erlebten.
Im fahlen, leicht gelblichen Licht des Zuges liest ein älterer Herr die Zeitung. Er sitzt neben einem jungen Mann, aus dessen Kopfhörern ein rhythmisches Klopfen dringt. Er wippt mit seinem Kopf leicht im Takt, mit starren Augen in die Leere blickend. Gegenüber eine ältere, etwas korpulente Frau, die den Blick meist auf den Boden gesenkt hat, sofern sie nicht gerade einmal tief Luft holt, den Kopf dabei anhebt und seufzt. Der schmale Platz neben ihr ist leer. Zwei Geschäftsleute im Anzug stehen neben ihr, halten sich an den Stangen fest und unterhalten sich leise, manchmal lachen sie ein wenig. Der eine hält einen Aktenkoffer in der linken Hand, der andere hat seinen auf den Boden zwischen die Beine gestellt. Sie rücken ein wenig zur Seite, als ein fast zwei Meter großer Farbiger sich an ihnen vorbeizwängt, der eben gerade aufgestanden ist und sich in Richtung Tür bewegt. Auf der Bank, auf der er gerade noch gesessen hat, sieht man eine etwa fünfundzwanzigjährige Frau, die in ihr Buch vertieft ist. Aber ab und zu sieht sie auf, lässt ihren Blick ein wenig durch den Waggon wandern, an diesem Mann vorbei, an diesem jungen Mann in dem olivgrünen Anorak und den Jeans, der ihr schräg gegenübersitzt. Und sie schaut diesem Mann wohl immer wieder einmal – dieses ungeschriebene Gesetz brechend – für den Hauch eines Augenblicks ins Gesicht, vielleicht sogar in seine Augen, gerade so, dass es kaum auffällt.
Erfolglos versucht die junge Frau, dieses Gesicht zu deuten. Es ist ein feines Gesicht, doch seine Gefühle scheint dieses Feine darin wie eine Maske zu verbergen.

Dieser Mann besitzt eine Ausstrahlung, die sie in ihren Bann zieht. Dieses Gesicht fasziniert sie, es scheint seinen Ausdruck zu ändern, sooft man es anschaut, obwohl es äußerlich völlig unbewegt und unverändert wirkt. Und dann ist da noch etwas: eine Rötung in diesen Augen, der etwas glasige Blick des Mannes, der immerzu auf die gleiche Werbung auf der Trennscheibe zu starren scheint, auf die kleine Annonce, die mit schwarzen Buchstaben auf gelbem Grund ein asiatisches Restaurant anpreist. Immerzu zielen diese Augen auf das gleiche kleine »e« in der Überschrift, ohne es wirklich zu sehen, ohne irgendetwas davon aufzunehmen.
Noch eine Haltestelle: Dann wird Mareike Bauer, die junge Dame mit dem zierlichen Gesicht, ihr Buch langsam zuklappen und es in die Tragetasche, die zu ihren Füßen steht, legen. Sie wird sich langsam erheben, darauf achten, dass sie den Mann gegenüber, dessen Knie weit nach vorne ragen, nicht versehentlich berührt, wenn sie aufsteht und sich der Tür zuwendet. Sie wird, kurz bevor sie aussteigt, noch einmal für den Bruchteil einer Sekunde in seine Richtung blicken und – sobald sich die Türen öffnen – das Abteil dieses Zuges verlassen. Sie wird dort draußen in der Kälte und der Dunkelheit dieser Nacht verschwinden. Und dann wird sie diesen Mann in diesem Leben nie wiedersehen.
Eine Begegnung wie Tausende. Ein Eindruck, der verblassen wird. Eine Wirklichkeit, die schon wenige Minuten später im Vergessenen enden wird. Schwächer als das Licht eines fernen Sterns.
Mareike schaut noch einmal von ihrem Buch auf und sieht, dass Tränen über die Wangen des Mannes rollen. Es ist unangenehm. Ein Weinen hier an diesem Ort zwischen all den Fremden? Die Menschen im Waggon wenden sich ab. Aber nur so weit, dass sie doch noch etwas sehen. Es wird mit

einem Mal ruhig. Die Geschäftsleute, die im Gang stehen, reden nicht mehr und schauen schweigend zu Boden. Und auch das Ehepaar weiter hinten ist still geworden. Neben den Fahrgeräuschen ist nur noch das Schluchzen dieses Mannes zu hören, das immer stärker wird. Dass sonst niemand mehr redet, macht die Situation noch aufdringlicher und unangenehmer. Doch der junge Mann nimmt nichts davon wahr. Er hat sich nach vorn gebeugt, sitzt mit leerem Blick da und weint.

Verunsichert klappt Mareike ihr Buch zu.

Man müsste diesem Mann helfen. Jemand sollte etwas tun. Aber es wäre wohl angemessener, wenn einer der beiden Männer, die in ihren Anzügen im Gang stehen, ihn ansprechen würde und nicht gerade eine Frau. Diese Männer sind doch zu zweit. Oder das Ehepaar weiter hinten. Oder der junge Mann mit seinen Kopfhörern, der ebenfalls kurz zur Seite geschaut hat und bemerkt haben muss, dass hier etwas nicht stimmt – der ist doch ungefähr im gleichen Alter. Er könnte sich kümmern, vielleicht würde er schnell einen Draht zu dem Weinenden bekommen. Oder der ältere Herr, der hinter seiner Zeitung immer wieder neugierig hervorblinzelt? Sicher hat er genug Lebenserfahrung. Aber auch er schaut einfach weg.

Sie kann doch als Frau nicht einfach so einen Menschen ansprechen, der weinend in der U-Bahn sitzt. Erst recht nicht, wenn niemand der anderen reagiert und etwas tut. Man kann nicht einfach so fragen: »Was fehlt Ihnen?« Darf man denn in so einem Moment einem Menschen, der einem völlig fremd ist, eine so persönliche Frage stellen?

Langsam erhebt sich Mareike. Vornübergebeugt, wie der Mann nun dasitzt, ist es noch schwieriger, an ihm vorbeizukommen, ohne ihn zu berühren. Sie muss sich an ihm vorbeiwinden. Die beiden Geschäftsleute gehen ein Stück zur Seite. Sich vorsichtig an einer Haltestange festhaltend, geht Mareike Bauer auf die Türen zu. Sie spürt, dass sie etwas tun müsste. Mit jedem Schritt, den sie sich von ihm entfernt, wird das Gefühl stärker, dass sie einmal in ihrem Leben den Mut haben sollte, über ihren Schatten zu springen.

Aber sie fühlt auch, dass sie den Mut dazu nicht hat.

Und dann erinnert sie sich auch wieder daran, dass sie ja an diesem Abend noch etwas vorhat. Die Konzertkarten waren schwer zu bekommen und nicht gerade billig. Sie ist mit ihrer Freundin Sophia verabredet, die sich auch auf diesen Abend freut. Sophia, die es nicht mag, wenn man zu spät kommt.

Der Zug steht.

Die Türen öffnen sich, aber Mareike verlässt den Zug nicht so schnell, wie sie könnte. Als ob sie nicht sicher sei, ob sie die Fahrt hier beenden soll. Sie blickt noch einmal zu dem Mann und setzt gleichzeitig einen Fuß auf den Bahnsteig. Als sie die Stimme des Schaffners hört, der in gleichförmigem Tonfall »Zurückbleiben bitte« ruft, weiß sie, dass sie gemeint ist. Dass es ihre Aufgabe ist und dass sie es ist, die zurückbleiben, die nicht aussteigen wird. Im letzten noch möglichen Moment, bevor die Türen sich schließen, huscht sie in den Waggon zurück, aus dem sie gerade noch aussteigen wollte.

Es hat mich erschüttert und traurig gemacht, wie er da saß und weinte und dass so gar niemand da war, der ihm half. Aber ich kann nicht so einfach auf Menschen zugehen. Ich hatte das vorher noch nie getan. Da war eine Sperre in mir. Eine Wand, die ich fast nicht durchbrechen konnte. Ich erinnere mich immer an diesen

Moment, in dem ich kurz entschlossen umdrehte und zurück in den Waggon stieg, aber ich weiß nicht mehr, was ich mir dabei gedacht hatte. Es war einfach so ein sicheres Gefühl ... Ich weiß nicht, wie ich es sonst erklären soll. Kennen Sie so etwas? Na ja: Ich habe noch nicht so genau darüber nachgedacht, was es war, das mich in dem Moment dazu brachte, nicht auszusteigen. Aber ich habe das Richtige getan, das weiß ich heute wie damals. Und ich bin bis heute stolz darauf, dass ich es getan habe!

Hastig geht die junge Frau auf den Mann zu und setzt sich nun nicht an ihren alten Platz ihm gegenüber, sondern direkt neben ihn. Einige Fahrgäste geben sich erstaunt und verfolgen verstohlen und neugierig, was nun geschehen wird. Mareike weiß nicht so recht, wie sie es anfangen und was sie nun sagen soll. Sie legt ihre Hand auf seinen Unterarm.

»Kann ich Ihnen helfen?«, fragt sie, aber der Mann reagiert nicht. Sie gibt ihm einen Moment Zeit, dann wiederholt sie ihre Frage. »Kann ich Ihnen irgendwie helfen?« Ihre Stimme hat etwas Feines und Beruhigendes, aber doch scheint es, als würde sein Weinen nun noch lauter. Mareike ist sich unsicher, ob sie nicht doch etwas falsch gemacht hat. Eine ganze Zeit lang sitzt sie da und weiß nicht, wie es nun weitergehen kann. Der Zug fährt schon wieder langsamer.

Dass nun einige Leute aufstehen, um auszusteigen, bemerkt sie kaum: Die ältere, korpulente Dame, das Ehepaar weiter hinten und die beiden Geschäftsleute gehen Richtung Tür. Der Mann neben ihr sagt nichts, es irritiert sie, aber doch ist sie sich sicher, dass es gut ist, sich um ihn zu kümmern.

»Wo müssen Sie denn aussteigen?« Immer noch bekommt sie keine Antwort. »Jetzt passen Sie mal auf«, sagt sie

freundlich, aber bestimmt, »solange Sie nicht mit mir reden und nur immerzu weinen, werde ich einfach neben Ihnen sitzen bleiben. Wenn es Ihnen bessergeht, verschwinde ich wieder, aber so lasse ich Sie hier nicht allein, verstehen Sie?« Der junge Mann zuckt mit den Schultern. Das Weinen ist etwas leiser geworden. Nach und nach verstummt es, aber er hebt den Blick nicht.
Immer noch hat Mareike ihre Hand auf dem Arm dieses Mannes, der ihr doch eigentlich völlig fremd ist. Es sind noch fünf Stationen bis zur Endhaltestelle. Mareike fällt ein, dass ihre Fahrkarte hier nicht mehr gilt.
Ein klein wenig richtet der Mann seinen Kopf auf.
»Es ist egal. Verstehen Sie? Es ist einfach alles egal.«
Er hat eine angenehme Stimme. Er redet sehr leise, und es ist nicht klar, ob er mit sich selbst oder mit Mareike spricht.
»Was ist egal?«, hakt sie nach, aber er schüttelt seinen Kopf und weint wieder, deutlich leiser als vorher.
»Es ist nichts egal, verstehen Sie?«, entgegnet ihm Mareike.
»Ich bin selbst schuld an allem. Ich hab es verbockt.« Er sieht sie nicht an.
»Was haben Sie verbockt?«
Er schweigt.
»Was …«, Mareikes Stimme ist eindringlicher geworden, »… was haben Sie verbockt?«
»Hören Sie«, sagt er, »lassen Sie mich doch einfach in Ruhe. Ich hab Mist gebaut. Viel zu viel Mist. Ich bin am Ende, und ich bin selbst schuld daran. Ich bin der letzte Dreck. Mir kann keiner helfen. Und ich hätte es auch nicht verdient.«
Mareike überlegt einen Moment.
»Okay«, sagt sie, »damit Sie es wissen: Jeder Mensch hat ein Recht darauf, dass man ihm hilft. Vor allem, wenn er in einer schwierigen Situation ist. Und jeder Mensch hat die Pflicht,

einem anderen zu helfen, dem es schlechtgeht. Menschen können Fehler machen. Und wenn man einen Fehler wirklich bereut, hat man ihn schon fast wiedergutgemacht.« Sie macht eine kleine Pause, dann fährt sie mit fester Stimme fort: »Sie müssen mir nichts erzählen. Aber jetzt passen Sie mal auf, ja? Man kann aus fast allem im Leben rauskommen. Das kann manchmal schwierig sein. Und es kann auch sein, dass es ein harter Weg bis dahin ist. Aber wenn man es wirklich will, gibt es einen Weg. Und dann hat man nicht nur aus dieser Sache gelernt, man ist auch stärker geworden. Und ich bin mir sehr sicher, dass Sie aus dieser Sache rauskommen wollen und können, was immer es auch sein mag!«

Der Mann zuckt mit den Schultern.

»Manchmal geht so etwas nicht so einfach, verstehen Sie doch.« Ab und zu schnappt er noch nach Luft, aber er weint jetzt nicht mehr.

»Ja.« Mareike denkt nach. Sie muss vorsichtig sein mit dem, was sie sagt. Sie weiß ja gar nicht, welches Geheimnis sich hinter allem verbirgt. Es kann ein Problem zwischen diesem Mann und seiner Frau oder Freundin sein. Oder zwischen ihm und seiner Familie. Arbeitslosigkeit oder ein großer Fehler im Berufsleben. Vielleicht ein Unfall oder ein von ihm verschuldetes Unglück. Vielleicht auch etwas Kriminelles, auch wenn dieser Mann auf sie eigentlich nicht diesen Eindruck macht.

»Ja«, sagte sie sehr ruhig. Ihre Stimme hat etwas Freundliches und zugleich Eindringliches. Sie ist erstaunt über sich selbst. »Ich habe ja auch nicht gemeint, dass es immer einfach ist. Aber glauben Sie mir: Es gibt irgendeinen Weg aus allem.«

Für einen sehr kurzen Moment sieht der Mann sie an.

»Sicher!«, bekräftigt sie bestimmt, was sie gesagt hat, und zieht dabei ihre Augenbrauen etwas hoch.

Mareike fragt sich, woher sie mit einem Mal die Kraft und diese tiefe Überzeugung hat, auf diesen Mann, der ihr fremd und doch schon fast vertraut erscheint, so klar und bestimmt einzureden. Mit welcher Leichtigkeit sie ihre Worte findet. Es ist, als würde nicht sie reden, sondern als würde sie eher sich selbst reden hören. Sie ist sich angenehm fremd, eine Mareike, die sie noch nicht kennt und die ihr doch gleichzeitig vertraut ist. Eine Kraft, die über ihr ist und in ihr. Eine Stärke, die nicht wirklich sie selbst ist und die doch übergangslos mit ihr verbunden zu sein scheint.

Dieses »Etwas« lässt sie wachsen und dieses Gespräch mit dem Mann führen, für den sie sich nun für eine kurze Weile verantwortlich fühlt, obwohl sie ihn gar nicht kennt. Sie merkt, dass sich auch für sie in diesem Moment etwas verändert. Auf einen Fremden zugehen ist etwas, was sie noch nie getan hat. Jemandem helfen und spüren, wie einem bei diesem Helfen selbst geholfen wird. Eine Erfahrung, die guttut. In dieser U-Bahn, die ins Nichts der Nacht fährt und jetzt doch ein Ziel hat.

Ich habe erst viel später erfahren, dass Mareike schon vorher die ganze Zeit in der U-Bahn saß. Ich habe nichts mehr mitbekommen von allem um mich herum. Dass sie ausgestiegen war, habe ich auch nicht gesehen. Das Einzige, was ich damals mitbekommen habe, war, wie sie wieder einstieg. Eine junge Frau, die es im letzten Moment noch schafft, in die U-Bahn zu kommen … Das war ja nicht zu übersehen, alle haben sich umgedreht, weil sie so reingestürmt ist. Die Türen waren ja schon fast wieder zu. Ja, das habe ich noch irgendwie am Rand mitbekommen. Mein Gedanke war: »Die ist eben spät dran und muss den Zug unbedingt noch kriegen.«

Ehrlich, als sie sich neben mich setzte, hatte ich keinen blassen Schimmer, dass sie mir schon vorher die ganze Zeit gegenübergesessen hatte. So fertig war ich. Fertig mit allem. Ich war an diesem Punkt angekommen, an dem man nicht mehr weiterweiß. Unten. Ganz unten, verstehst du?
Wenn du mal so weit unten bist, schaffst du es allein nicht mehr. Du hast die Kraft nicht mehr. Eine Bitterkeit, die ich mein Leben lang nicht vergessen werde. So etwas hätte ich mir noch einige Wochen vorher nicht vorstellen können.
Mann! Ich war doch nicht der Typ, der in der Öffentlichkeit heult, aber an diesem Tag brach … Es war mir ja schon wochenlang schlechtgegangen. Warum es gerade an diesem Tag aus mir herausbrach, weiß ich nicht mehr. Und dann aus der Hoffnungslosigkeit heraus diese unbekannte Frau, die sich neben mich setzte. Schon das wunderte mich, aber es war zuerst nur so ein dumpfes, unterbewusstes Wahrnehmen und Wundern.
Eine Frau, die einfach so in den Zug stürmte, sich neben mich setzte und die Hand auf meinen Arm legte, verstehst du? Das war, als ob … ich kann es nicht anders sagen … ein Engel gekommen wäre. Der Engel, den ich mir nicht mal mehr zu wünschen gewagt hatte. Diese Frau kommt nicht einfach so zu dir, die ist dir geschickt worden. Mein Kopf wollte es zuerst gar nicht wissen, aber mein Bauch … ach was, warum soll ich es nicht sagen, es war das Herz, ich habe sofort so eine Wärme gespürt. Ich dachte: Das hast du gar nicht verdient.
Aber es tat gut. Einfach ganz unglaublich gut. Das habe ich bis heute nicht vergessen.
Wenn ich für etwas in meinem Leben dankbar bin, wohl noch mehr als für alles andere, dann für diesen Moment. Für diesen Augenblick würde ich vieles in meinem Leben eintauschen.

»Nu, was is? Se müssen raus hier!«
Rudow, Endstation: Der Zug steht schon eine kurze Weile.
»Hallo!« Der U-Bahn-Schaffner ist aus seiner Kabine herausgetreten, setzt einen Fuß in das Abteil. »Schon wieder ein paar von diesen Alkis, auf Weihnachten hin ist es besonders schlimm«, denkt er sich. »Am Ende randalieren sie dann, schlitzen die Polster auf oder kotzen in die Ecke. Ist doch jedes Mal das Gleiche.«
Aber dann sieht er, dass mit dem jungen Mann etwas nicht stimmt. Für einen kurzen Moment blickt er in zwei Augen, aus denen ihm tiefe Verzweiflung entgegenschlägt. Verlegen schaut er weg und betrachtet die junge Frau, die sich um den Mann kümmert.
»Komm Se klar?«, fragt er jetzt.
»Ich denke schon ...«, sagt Mareike, die immer noch den Mann ansieht, den sie nun mit ihrem Arm an der Schulter umfasst. »Wir brauchen nur noch einen kleinen Moment«, fügt sie hinzu.
»Is schon in Ordnung«, brummt der Mann in der Uniform. »Darf nur eben nicht zu lange dauern, in ein paar Minuten muss ick zurückfahren.«
»Wir sollten jetzt aussteigen«, sagt die junge Frau nun wieder zu dem Mann neben ihr. »Hier ist Endstation. Kommen Sie ...«
Bei dem Wort »Endstation« scheint der junge Mann aufzuhorchen.
Der U-Bahn-Schaffner sieht ein wenig genauer hin. »Sie« – die junge Dame hat »Sie« gesagt, kennt den Mann wohl gar nicht näher, oder hat er sich verhört?
»Is das nicht ihrer, der Kerl da?«, will er wissen und zeigt ungeniert mit dem Finger auf den jungen Mann.
Mareike schüttelt den Kopf.
Es ist kalt hier am Bahnsteig. Vor dem Zug warten ein paar

Fahrgäste, bereit zum Einsteigen. Mareikes Blick fällt auf einige Beine und einen kleinen Hund an einer Leine. Einen Pudel, dessen Frauchen ihm einen karierten Hundemantel angezogen hat.

»Stehen Sie jetzt auf, kommen Sie. Ich bleibe noch bei Ihnen, aber wir müssen …«

»Brauchen Se doch noch Hilfe?«, unterbricht der U-Bahn-Schaffner mit seiner groben Stimme etwas lauter als nötig. Langsam steht der junge Mann auf. Mareike will ihm helfen, aber er winkt ab. »Geht schon …« Die beiden gehen an dem U-Bahn-Schaffner vorbei, der ihnen noch kurz hinterherschaut und sich dann der Dame mit dem Pudel zuwendet: »Dat mir der Köter hier nirjends hinmacht, hörn Se?« Statt zu antworten, schaut ihn die Dame nur vorwurfsvoll an. Aber dann, bevor er mit seinem merkwürdig plumpen, fast humpelnden Gang wieder in der Führerkanzel verschwindet, ruft sie ihm noch patzig nach: »Der macht hier so wenig hin wie Sie! Im Gegensatz zu Ihnen weiß er sich zu benehmen!«

»Gut«, holt der Mann, der jetzt neben Mareike auf einer Bank sitzt, tief Luft. »Und jetzt? Wie geht es jetzt weiter?«

»Zuerst einmal, würde ich sagen, machen Sie Ihren Anorak zu. Haben Sie gar keine Mütze?« Der junge Mann zieht den Reißverschluss des Anoraks hoch, dann kramt er zuerst in der rechten, dann in der linken Anoraktasche, schaut noch einmal durch das Fenster auf den Sitz in den U-Bahn-Waggon, aus dem die beiden gerade ausgestiegen sind, ehe er in seiner Hosentasche fündig wird und sich eine graublaue Wollmütze aufsetzt.

»Na, und nun«, fährt Mareike fort »sollten Sie vielleicht nach Hause gehen. Oder wir setzen uns irgendwo hin, wo es etwas wärmer ist. Auf Dauer ist es hier nämlich ein wenig kalt.«

Jetzt blickt der Mann sich ein wenig unsicher um: »Wo sind wir hier überhaupt?«
»Rudow. Endstation der Linie 7.«
»Ach du meine Güte ...«, sagt er. »Ich wollte doch zum Hauptbahnhof.«
»Da haben Sie wohl das Umsteigen vergessen.« Mareike lächelt ein wenig, und jetzt lächelt dieser Mann sogar zurück.
»Mareike«, sagt sie und hält ihm die Hand hin. Er nimmt die Hand und schaut sie nur an. »Ich heiße Mareike!«, wiederholt sie.
»Ach so«, entgegnet er und nickt, aber erst nach einer Weile versteht er ihren fragenden Blick und antwortet: »Roland.«
Sie lacht.
»Willkommen in Rudow«, sagt sie.
»Wohnst du hier?« Er schaut sie groß an.
»Nein, ich wohne näher zur Stadt hin.«
»Aha ... und was machst du dann hier draußen?«
Mareike muss wieder lachen. Der junge Mann, der jetzt einen Namen hat, lacht mit, aber er versteht nicht ganz, was sie so belustigt.
»Na, gar nichts mache ich hier. Ich bin wegen dir hier rausgefahren.«
»Ach ...?« Er versteht es nicht ganz.
Die Schilder über den beiden zeigen das neue Ziel der U-Bahn an, die in wenigen Minuten wieder zurückfahren wird.
»Also: Was machen wir jetzt? Am besten fahren wir dann wohl zurück. Oder wir suchen uns ein warmes Plätzchen.«
Statt zu antworten, nickt Roland nur.
»Was jetzt: Zurückfahren? Oder möchtest du mit jemandem reden? Ich habe Zeit«, behauptet Mareike, obwohl das nicht ganz stimmt.

»Vielleicht …« Roland überlegt. Er möchte nicht reden. Er will nichts erzählen. Es wäre ihm unangenehm, gerade mit dieser Frau, die er nicht kennt, von dieser Sache zu reden.
Immer noch wartet Mareike auf die Antwort.
»Ich denke, es wäre das Beste, zurückzufahren«, sagt er. Er sieht nach oben, dann wirft er einen kurzen Blick in seine Geldbörse: »Ich hole uns einen Fahrschein.«
»Ich kann schon selber …«, sagt Mareike, aber da ist Roland schon auf dem Weg zum Automaten.

Ich wusste in diesem Moment noch nicht genau, wie ich mich verhalten sollte. Aber das Gefühl, dass sich jemand um mich kümmerte, war großartig! Mareikes Klarheit hatte sich auf mich übertragen. Die Klarheit, dass ich jetzt mit allem aufräumen würde. Mir war sehr bewusst, dass alles das, was nun zwangsläufig auf mich zukam, nicht lustig werden würde, aber ich denke, dass ich schon in diesem Moment den festen Entschluss gefasst hatte, zur Polizei zu gehen. Ich war fest entschlossen, Schluss zu machen mit diesem ganzen Dreck, in den ich hineingeraten war. Ich hatte das sichere Gefühl, dass ich da irgendwie durchkommen würde. Koste es, was es wolle.
Mareike … sie hatte eine so tolle Ausstrahlung. Ich wollte ein wenig so werden wie sie. Wieder in den Spiegel schauen können. Anderen Menschen aufrecht begegnen können. Na ja, weißt du: Ein klein wenig hoffte ich sogar, ihr vielleicht eines Tages wieder zu begegnen. Wenn ich einmal alles überstanden und hinter mir gelassen hätte.

»Du bist schon sicher, dass du klarkommst, ja?«
Statt einer Antwort lächelt Roland ein wenig. Es ist ein gutes Gefühl, dass jemand so besorgt um ihn ist.
»Ja.« Er schaut kurz zum Fenster hinaus, dann in ihr Gesicht. »Ja, Mareike.«
Mareike zieht etwas aus ihrer Handtasche. »Herrje, ich muss jetzt gleich aussteigen.« Sie schreibt ihm etwas auf ein Stück abgerissenes Papier: »Bitte melde dich morgen, ich möchte wissen, ob du gut nach Hause gekommen bist.« Sie gibt ihm den Zettel mit ihrer Handynummer.
»Du machst keine Dummheiten oder so, versprochen?«
Er schüttelt den Kopf.
»Sicher?«
»Ich verspreche es dir … Mareike!« Er schaut ihr in die Augen. Er kennt bisher niemanden, der Mareike heißt. Aber dieser Name ist schön. Er spricht ihn gern aus.
Die U-Bahn fährt in den Bahnhof ein.
Mareike steht auf. Sie muss sich jetzt beeilen, um noch herauszukommen. Im Vorbeigehen gibt sie ihm einen Klaps auf die Schulter.
»Als würden wir uns schon lange kennen«, murmelt Roland leise.
Sie verabschiedet sich.
»Tschüss …«, ruft auch er ihr hinterher.
»Du meldest dich, ja?« Die Türen schließen sich schon hinter ihr.
Sie steht draußen und winkt noch, langsam rollt die U-Bahn an.
»Danke«, murmelt er, »danke noch. Danke, Mareike! Ich melde mich morgen. Ganz sicher …«
Der Herr, der ihm mit einem geöffneten Laptop auf den Knien gegenübersitzt, mustert Roland kurz. Roland, in

dessen verheulten Augen er eine Spur von Glück ausmacht.
»Neue Flamme, was?«, grinst er sein Gegenüber an.
»Nein«, sagt Roland und schüttelt den Kopf.
Und dann denkt er daran, dass er noch an diesem Abend zur Polizei gehen wird, dass er alles erzählen wird. Ein Ende. Aber ein Ende, das ein neuer Anfang sein wird.

Ich hatte ein ganz schlechtes Gefühl, so aus der U-Bahn auszusteigen. Ihn einfach allein zu lassen. Aber ich konnte ihm ja auch nicht nachlaufen oder einfach weiter mitfahren. Außerdem kannte ich ihn doch gar nicht. Ich hoffte jetzt einfach, dass er klarkommt. Ob er sich wirklich noch einmal melden würde? Ich war mir nicht sicher. Aber ich konnte jetzt nichts mehr tun. Ich rief meine Freundin kurz an und sagte ihr, dass sie schon mal allein ins Konzert gehen solle, ich würde in der Pause nachkommen und ihr alles erklären. Sophia war ein wenig sauer, aber später, nach dem Konzert, erzählte ich ihr alles. Sie lächelte ein wenig seltsam …
Den ganzen Abend und auch noch als ich ins Bett ging, ging mir Roland nicht aus dem Sinn. Ich machte mir schon ziemliche Sorgen. Aber nach und nach wich dieses Gefühl einer Zufriedenheit, dass ich alles getan hatte, was ich tun konnte, und einem tiefen Vertrauen, dass alles gut werden würde. Und tatsächlich bekam ich ja am nächsten Tag diese SMS:
»Danke, Mareike. Du hast mir mehr geholfen, als Du denkst. Ich werde nun alles in Ordnung bringen. Es wird eine Zeit dauern, und dann werde ich mich noch einmal melden, wenn ich darf.«
Ich habe ihm geantwortet, dass er sich gern melden kann. Aber wochenlang kam dann nichts mehr. Ich dachte oft an diesen Abend zurück. In meiner Erinnerung sah Roland nicht mehr verheult aus, sondern sehr gut. Ich hoffte schon, ihn wiederzusehen, aber je mehr Zeit verging, desto unsicherer wurde ich mir. Ich wartete und über-

legte, ob ich ihn einmal ansimsen sollte, aber er hatte mir ja geschrieben, dass er sich melden würde. Weißt du, ich vermutete auch ein wenig, dass er eine Freundin hatte oder sogar verheiratet war und vielleicht da irgendwie Mist gebaut hatte. Dann wäre es dumm gewesen, sich bei ihm zu melden, schlimmstenfalls hätte es ihn in Schwierigkeiten gebracht, und er hätte eine Menge neuen Ärger bekommen können.

Es wurde Frühling, und ich hatte immer noch nichts von ihm gehört. Es wurde Sommer … Ich dachte immer noch hin und wieder an ihn, aber ich hatte mehr und mehr das Gefühl, dass ich ihn nicht mehr wiedersehen würde. Dann wurde es Herbst, und ich nahm mir vor, ihn zu vergessen.

Ich fand mich damit ab, dass es eben nur eine kurze Begegnung gewesen war. Manchmal ist so eine Begegnung für den Moment sehr wichtig, aber eben nur für diesen einen Augenblick, und dann muss man akzeptieren, dass auch dieser Augenblick ein Teil der Vergangenheit ist. Trotzdem: Es blieb eine Sehnsucht in mir, eine »verlorene« Sehnsucht. Und dann immer mehr auch eine verblassende Sehnsucht.

Na ja, und dann kam dieser Winter, der für mich selbst zum Alptraum wurde. Es kam eins nach dem anderen, so etwas hatte ich bis dahin noch nicht erlebt. Nicht, dass ich so verzweifelt gewesen wäre wie Roland damals. Aber es war einfach eine Zeit, in der alles um mich herum schiefzugehen schien. Es war wie verhext. Dieser furchtbare Streit zwischen meinen Geschwistern, die es einfach alle gut mit meiner Mutter meinten, aber so verschieden waren, und in den ich hineingezogen wurde, obwohl ich mich raushalten wollte. Der gebrochene Arm, als ich beim Baden ausrutschte. Deshalb fiel dann auch ein Urlaub ins Wasser. Und dann diese Unsicherheit, jeden Tag zur Arbeit zu gehen und zu merken, es ist kaum noch etwas zu tun. Wir hatten im Herbst zwei große Kunden verloren, und alle wussten genau, dass drei oder vier von den sieben Angestellten würden gehen müssen. Ich hatte mir vorgenommen, das alles leichtzunehmen, aber wenn man jeden Tag zur Arbeit geht und nicht weiß: wann kommt nun deine Kündigung – oder erwischt es einen von den anderen, die ja auch nichts dafür können?, das ist auf die Dauer anstrengend. Lange Zeit kam ich damit noch ganz gut zurecht. Von einem Tag auf den anderen war ich richtig deprimiert und fertig …

Es ist Ende September. Roland sitzt mit gesenktem Kopf vor einem Tisch, neben ihm sein Anwalt. Schon die Auskunft seiner Personalien empfindet er als Tortur. Im Augenwinkel nimmt er wahr, dass einige Schüler den Saal betreten. Immer wieder antwortet er korrekt und ausführlich auf alle Fragen. Manchmal braucht er einen Moment, um sich zu sammeln. Auch dem Richter bleibt nicht verborgen, dass dem Angeklagten immer wieder Tränen kommen, auch wenn er sich bemüht, ruhig zu bleiben.

Mit gelassener Stimme führt der Richter die Verhandlung. Aufmerksam hört er den Ausführungen des Staatsanwaltes zu, der die Anklage verliest. Dann werden die Zeugen vernommen. Hermann Lewandowski und Georg Schmitt, Rolands ehemalige Arbeitskollegen, gegen die ein eigenes Verfahren läuft. Lewandowski ist zurückhaltend, Schmitt wirkt ein wenig unverschämt. Die Buchhalterin der Firma hat sich entschuldigen lassen, sie ist seit Anfang der Woche krank, hat das Attest eines Arztes geschickt.

Als dann Karl Fischer, Rolands Chef, auftritt, kommt im Gerichtssaal Heiterkeit auf. Er ist ein stattlicher Mann, Mitte sechzig, mit einer gemütlichen Ausstrahlung. Er ist immer korrekt mit sichtlich teuren Anzügen gekleidet. Und doch unterschätzt man ihn oft: Mit seinem rundlichen, immer etwas geröteten Gesicht und seiner starken

Brille wirkt er zunächst unbeholfen. Aber wenn er redet, hört man ihm aufmerksam zu. Er ist sehr selbstsicher und hat einen feinen Humor.

»Nein, nein«, sagt er ganz ruhig, »das ist ein Missverständnis, Herr Richter. Ich habe dem Angeklagten das Geld doch geliehen.«

Der Richter beugt sich nach vorn. Es ist das erste Mal, dass er ein wenig aus dieser gleichförmigen Mimik, die er seit Beginn der Verhandlung zeigt, herausfällt.

»Geliehen? Ach! Sie haben – ihm das Geld geliehen?«, fragt er nach.

»Ja, sicher. Da lagen dem Herrn Staatsanwalt nicht alle Informationen vor. Es gab da eine ganz klare ... Vereinbarung, dass er sich leihweise jederzeit Geld aus der Kasse nehmen darf, solange es einen gewissen Betrag nicht überschreitet. Ich habe den Betrag ja auch am siebten Januar komplett zurückerhalten.«

»Aha.« Auch der Staatsanwalt beugt sich jetzt nach vorn. »Und warum haben Sie das dann nicht vorher gesagt?«, fragt er mit einem pikierten Unterton.

»Nun«, Karl Fischer wendet sich dem Staatsanwalt zu, »Sie haben mich doch nie danach gefragt.«

Hinten im Saal, wo die Schüler sitzen, entsteht eine heitere Unruhe. Ein Kichern, dann ist es wieder still. Unbemerkt von den Zuschauern, deren Blick auf Rolands Chef gerichtet ist, ist für einen Augenblick etwas wie ein Lächeln im Gesicht des Richters.

»Wissen Sie, das klingt nun schon ein wenig weit hergeholt. Etwas unglaubwürdig, verstehen Sie? Es wundert einen doch ein wenig, dass der Angeklagte selbst uns nichts davon erzählt hat, Herr Fischer? Dass er stattdessen«, er sieht in die Akte, »kurz vor Weihnachten letzten Jahres eine Anzeige gegen sich selbst erstattet hat.« Er legt eine

Pause ein, dann setzt er nach: »Das ist doch so im ganzen Zusammenhang alles etwas merkwürdig.«
»Ach?« Karl Fischer wirkt erstaunt, aber er lässt sich nicht beirren. Mit ernstem Blick fährt er fort. »Wissen Sie, den Roland kenne ich nun ja schon, seit er seine Lehre bei uns angefangen hat. Der ist ja im Großen und Ganzen ein sehr engagierter und guter Mitarbeiter, aber oft ganz furchtbar durcheinander. Und er stand ja zu dem Zeitpunkt, als er sich das Geld geliehen hat, auch ziemlich unter Druck, wissen Sie. Das, was Lewandowski und Schmitt mit ihm gemacht haben, das war ja alles andere als lustig. Da muss er es wohl einfach vergessen haben.«
Der Richter überlegt kurz, dann wendet er sich Roland zu. »Und? Haben Sie das wirklich vergessen, oder möchten Sie dazu lieber nichts sagen?«
Erstaunt über alles, was er gerade gehört hat, sieht er dem Richter ins Gesicht.
Während er noch überlegt, hört man schon wieder Karl Fischer reden:
»Er ist wirklich ein guter Junge, verstehen Sie. Immer hilfsbereit, immer freundlich ...«
»Ja ja, schon gut. Verschonen Sie mich ...« Der Richter klingt fast ein wenig verärgert.
Von der Seite her hört man den Staatsanwalt leise »Märchenstunde« sagen.
Rolands Anwalt kontert mit einem »Also bitte, Herr Kollege!«. Die Zuschauer grinsen.
»Haben Sie noch Fragen an den Zeugen?«, will der Richter wissen.
»Nein, an diesen Zeugen ganz sicher nicht«, erklärt der Staatsanwalt mit großer Geste.
Die Zeit bis zur Urteilsverkündung ist lang – zumindest empfindet Roland es so. Ihn plagt die Unsicherheit, ob er

nicht am Ende doch noch eine empfindliche Strafe erhält. Dann ist es so weit: Ungewöhnlich ernst klingt der Richter, als er beginnt, das Urteil zu verkünden. Das Verfahren werde gegen Zahlung eines Betrages von fünfhundert Euro an den Weißen Ring eingestellt. Gegen das Urteil könne Widerspruch eingelegt werden. Sollte das nicht der Fall sein, würde es in einer Woche rechtskräftig. Und dann fügt er noch hinzu, er wolle Roland hier nie wieder sehen.
Wenig später verlässt Roland den Saal, seinen Anwalt an der Seite, der ihm, noch bevor sie den Saal verlassen haben, zuraunt: »Ihr Chef, der ist prima! Der hat es rausgerissen. Besser hätte es nicht laufen können.«

Karl Fischer war ein unglaublicher Typ. Nach dieser Begegnung mit Mareike habe ich die halbe Nacht bei der Polizei gesessen und alles zu Protokoll gegeben. Am nächsten Morgen ging ich dann zu meinem Chef. Ich konnte lange gar nicht reden. Fischer schloss die Tür hinter mir, dann nahm er den Hörer, sagte alle Vormittagstermine ab und versuchte, mich zu beruhigen. Diese fürsorgliche Art … Anfangs machte mich das nur noch verzweifelter. Dass ich gerade ihn so betrogen hatte! Er erzählte mir, dass er längst bemerkt habe, dass das Geld fehlte, und sich schon Gedanken gemacht habe, wer es gewesen sein könnte. Ich versprach ihm, das Geld zurückzuzahlen. Dann wollte er wissen, ob Lewandowski oder Schmitt mit der Sache etwas zu tun hatten. Ich erklärte ihm, wie es war, aber ich sagte ihm auch, dass ich selbst ja mit diesem ganzen Mist angefangen hatte und dass Lewandowski oder Schmitt nichts damit zu tun hätten.
Lange Zeit saßen wir uns schweigend gegenüber.
Dann erzählte mir dieser großartige Mann von den Fehlern, die er selbst in seiner Jugend gemacht hatte.

Es war zwölf Uhr mittags durch, die meisten Mitarbeiter waren in der Pause, als er schließlich meinte: »Roland, Sie gehen jetzt am besten nach Hause. Mit ihren verheulten Augen wird Sie nur jeder schräg ansehen oder wissen wollen, was passiert ist. Morgen sind Sie dann pünktlich um neun Uhr wieder hier, verstanden?« Ich war verblüfft, hatte immer fest damit gerechnet, dass er mich feuern würde, wenn alles aufkäme.
Kurz nachdem ich am nächsten Morgen an meinen Platz geschlichen war, fiel mir auf, dass weder Lewandowski noch Schmitt da waren. Ich erfuhr, dass Fischer die beiden am Vortag zu einem Gespräch gebeten hatte; mehr wusste ich nicht. Die beiden kamen auch nie wieder. Bis auf die unangenehmen Begegnungen im Gerichtssaal und einen noch unangenehmeren Anruf von Schmitt, der mich mit unterschwelligen Drohungen dazu bringen wollte, zu seinen Gunsten auszusagen, habe ich von beiden nie wieder etwas gehört.
Erst Jahre später habe ich über Umwege erfahren, dass Fischer sie an diesem Nachmittag nach meinem Gespräch noch gefragt hatte, ob sie ihm etwas zu sagen hätten. Beide verneinten. Dann hakte er wohl nach, ob es ein Problem gebe mit mir. Die beiden stellten sich dumm. Ich hätte die beiden nicht angezeigt. Ich sah nur meine Fehler und hätte auch nie die Kraft dazu gehabt. Das war Fischer. Er nahm den beiden noch an jenem Tag die Schlüssel ab und übergab die Sache seinem Anwalt, und der brachte die Ermittlungen gegen Lewandowski und Schmitt ins Rollen. Auf die Idee, gegen die etwas zu unternehmen, wäre ich gar nicht gekommen.
Das ist jetzt alles doch eine ganze Zeit her. Fischer habe ich vor drei Jahren zufällig getroffen, als er wieder einmal hier in der Gegend war. Er lebt ja inzwischen mit seiner Frau irgendwo in Norditalien, ganz in der Nähe des Gardasees. Bei seinem Abschied hier überwand ich mich und fragte ihn ganz direkt, warum er gegen die beiden Anzeige erstattet und gegen mich nie etwas unternommen – ja, mir sogar noch geholfen hatte.

»Ach wissen Sie: Die beiden sind völlig wertlose Menschen. Das hätte ich auch schon früher wissen müssen«, meinte er nur.
»Und ich …?«, fragte ich leise. Er gab mir die Hand und lächelte mir mit seiner sonnigen Art ins Gesicht: »Nun, das wissen Sie doch selbst, oder? Keiner ist ohne Fehler, aber suchen Sie nicht einen guten Weg?«
Noch heute schreibe ich ihm immer zu Weihnachten. Erstens wegen Weihnachten. Und zweitens, weil es immer die Zeit im Jahr ist, in der ich mich an das alles erinnere. Ich habe ihn seitdem nicht wiedergesehen. Aber ich mache mir wenig Sorgen um ihn: Ich denke mir immer, wenn Gott gerecht ist, wird es diesem großartigen Mann gutgehen.

Gedankenverloren stochert Mareike mit der Gabel auf ihrem Teller herum.
Sie hat keinen Appetit, schon seit Tagen nicht mehr.
Eine ganze Weile lang sitzt sie einfach da. Sie ist müde, aber sie hat keine Lust, schon ins Bett zu gehen. Es ist Viertel vor zehn. Die letzten Wochen ist sie immer um diese Uhrzeit ins Bett gegangen. Aber meistens konnte sie ja doch nicht einschlafen. Und fast jede Nacht wachte sie um die gleiche Uhrzeit auf, irgendwann kurz vor zwei. Sie hasst den Wecker, diese Leuchtziffern vor ihrem Gesicht, sie schaut schon gar nicht mehr hin. Der Gedanke, ins Bett zu gehen, ist beinahe ein wenig unangenehm: In der Dunkelheit kriechen die Sorgen aus allen Ritzen und scheinen sich unermesslich aufzublasen. Kleine Alltagsprobleme werden zu Ängsten und nisten sich in den trüben Wintertagen in den Ecken ein, um gerade dann herauszukommen, wenn man wehrlos im Bett liegt, wenn niemand da ist, mit dem man sie teilen könnte. Aber mit wem teilte sie überhaupt

noch etwas? Sie fragt sich, warum alles in diesem Jahr so schlecht lief. Warum alles schiefging, was sie sich vorgenommen hatte, und warum im Leben immer alles auf einmal kommt, wenn es schlecht läuft. Der Streit in ihrer Familie, der immer schlimmer wurde. Die Schwestern, zu denen der Kontakt teilweise abgebrochen war: eine schmerzhafte Erfahrung.

Dieser Sommerurlaub, auf den sie sich so lange gefreut hatte und der ausfiel. Das Gefühl, von ihrer Mutter im Stich gelassen zu sein. Die bohrende Frage, warum sie in der letzten Zeit zunehmend einsamer geworden ist.

Und sie denkt an die Arbeit. Ein drückendes Gefühl in der Magengegend. Ihre Arbeiten im Übersetzungsbüro in der letzten Zeit waren fehlerhaft. Sie war gereizt, hatte ohnehin schon Probleme mit den Kunden. Ihre Chefin ließ sie zu sich kommen, war anfangs sogar überraschend verständnisvoll. Aber es wurde schlimmer: Das Büro verlor gleich zwei gute Kunden auf einmal, das Betriebsklima wurde von Tag zu Tag schlechter. Die Kolleginnen, die sich bis dahin so gut verstanden hatten, gingen zunehmend allein oder in kleinen Grüppchen zum Mittagessen. Ein Gefühl von Heimlichtuerei breitete sich aus. Kündigungen, die unmittelbar bevorstanden. Mareike versuchte, all dieser grauen Schatten zum Trotz, auf die Tage zuzugehen, das Beste aus allem zu machen. Bis vor zwei Wochen. Sie strengte sich noch mehr an, arbeitete oft bis in die Nacht: Sie wollte sich nichts mehr zuschulden kommen lassen.

Und dann kam dieser Tag, an dem sie ein vertrauliches Fax an die falsche Nummer sendete. Ein Fax, das eigentlich an einen Mitbewerber dieses Empfängers gehen sollte. Versehentlich schickte sie es einem Kunden, der nicht einmal wissen sollte, dass man auch für den Konkurrenten arbeitet. Mareike hat diesen Tag immer vor Augen, immer wieder.

Sie war noch in der Mittagspause, als die Sekretärin des Wirtschaftsverlages anrief. Eine freundliche Frau, die ihrer Kollegin mitteilte, sie habe dieses Telefax bei sich entdeckt und es in den Aktenvernichter getan. Dass kein weiterer Schaden entstand, war nur dem Anstand dieser Frau zu verdanken. Aber Mareike fühlte sich ausgelaugt, das Fass war bereits mehr als voll. Das wenige, das noch dazukam, war bereits zu viel. Es gab irgendwann einen feinen Knacks in ihr, etwas, das ihre Lebenslust brach. Stundenlang saß sie an jenem Nachmittag wortlos vor ihrem Tisch. Ihr war schlecht, so furchtbar schlecht. Ihre Hände zitterten, sie konnte nichts mehr festhalten, ging früher nach Hause, fühlte sich leer und deprimiert, war müde und einsam. Als sie endlich aus der U-Bahn stieg, war sie kurz davor, zusammenzubrechen. Eine ältere Dame versuchte ihr zu helfen, aber wie ferngesteuert ging Mareike nach Hause und legte sich ins Bett. Und all das dreht sich nun wieder und wieder in ihrem Kopf, während sie allein in der Wohnung sitzt.

Sie sieht zur Uhr an der Küchenwand. Schon wieder ist es nach zehn Uhr, und sie hat ihre Mutter nicht angerufen. Sie hat ein schlechtes Gewissen, dass sie sich so lange nicht bei ihr gemeldet hat, aber ihr fehlt es an Kraft, und sie möchte nicht wieder mit ihr streiten.

Es schneit, aber als sie ihren Teller in die Kochnische trägt, bemerkt sie kaum die Schneeflocken, die auf die Glasscheibe fallen, schmelzen und als Wassertropfen langsam nach unten laufen. Abwesend schiebt Mareike die Essensreste von ihrem Teller in den Müll. Die Müdigkeit hat etwas Erdrückendes.

Langsam geht sie ins Bad und betrachtet ihr Spiegelbild.

»Das geht so nicht weiter mit dir, und das weißt du auch«, redet sie mit diesem blassen Gesicht im Spiegel. »Ich muss mal ein ernstes Wort mit dir reden! Morgen wirst du Sophia anrufen und dich mit ihr fürs Wochenende verabreden.« Dann fällt ihr ein, dass Sophia ja übers Wochenende nach Hamburg fahren wird, um ihre Schwester zu besuchen. »Gut, dann eben nicht«, sagt sie. »Dann wirst du eben Claire anrufen oder ins Kino gehen.« Für einen Moment überlegt sie, ob sie sich das Geld für das Kino nicht sparen soll. Würde sie ihren Job verlieren, müsste sie jeden Euro zweimal umdrehen. Aber sie weiß auch, dass es im Moment wichtiger ist, auf andere Gedanken zu kommen. Sie wird sich wieder hochziehen. Sie wird das schon schaffen. Wenn es ihr erst bessergeht, werden sich auch die Probleme leichter lösen, wird sie alles nicht mehr so erdrücken. Dann denkt sie an Claire. Und an das Buch, das Claire ihr vor über einem Jahr geliehen hatte und das sie ihr eigentlich zurückgeben wollte. Wenn da nicht diese kaputte Seite wäre: Sie hatte ein Stück herausgerissen, um darauf ihre Telefonnummer zu notieren und es Roland zu geben. Diesem Roland, dem es damals so schlechtging. Vielleicht ähnlich wie ihr jetzt. Der sich nie wieder meldete und an dessen Gesicht sie sich seit ein paar Wochen kaum noch erinnern kann.

Ich war nicht gut drauf zu dieser Zeit. Und ich merkte ja, dass es so nicht weiterging. Ich hatte beschlossen, mich nicht gehenzulassen. Ich musste raus aus meiner Wohnung. Unter Menschen …
Roland? Meine Güte: den hatte ich fast vergessen. Musste ich ja. Ich war mir immer sicherer, dass er in einer festen Beziehung lebte. Es war eine Erinnerung an ihn da, aber nur noch verschwommen. Aber weißt du, was wirklich interessant ist? Das, was ich dann erlebte, gab mir zum ersten Mal dieses Gefühl, dass alles irgendwie

wieder zurückkommt. Im Kleinen und im Großen. Deine Wünsche. Deine Gebete im Stillen. Deine Gedanken ... Ja, leider auch die schlechten. Und natürlich die Dinge, die du tust.
Ich meine: Du gehst in den Tag und lächelst, und alle lächeln zurück. Die ganze Welt scheint zu strahlen. Und wahrscheinlich kommt an diesem Tag auch die Sonne raus – wenn sie nicht sowieso schon da ist.
Und andersherum: Du gehst ins Büro und meckerst an jemandem rum. Und natürlich passiert dir selbst an diesem Tag etwas Dummes. Irgendein blöder Fehler.
Schenke jemandem etwas, und es kommt zurück. Überwinde dich, und spende mal etwas mehr für einen wirklich guten Zweck, und plötzlich merkst du: Das Geld fehlt dir gar nicht. Dein Kontostand ist besser als zuvor. Kennst du das? Oder ist das nur so ein Tick von mir?
Also: Ich bin langsam einfach überzeugt davon, dass es so was gibt. Etwas, das das Leben auf eine geheimnisvolle, aber gute Weise gerecht macht. Etwas, das ganz im Verborgenen arbeitet. Ich habe in meinem Leben immer wieder die Erfahrung gemacht. Lach nicht, aber – Himmel und Hölle ... Vielleicht machen wir das doch irgendwie selber?

Mareike blinzelt ein wenig, als sie aus dem dunklen Kinosaal in das Foyer tritt. Einiges in der Handlung dieses Films, einer amerikanischen Hochzeitskomödie, schien übertrieben oder unwahrscheinlich, aber im Grunde genommen machte er wirklich Laune – und er machte hungrig.
Für einen Moment überlegt Mareike, in ein Fast-Food-Restaurant zu gehen, aber dann entschließt sie sich, eine kleine Pizzeria zu besuchen, die in einer Seitenstraße liegt, nicht weit vom Kino entfernt.

»Ciao, Bella. Wie geht es dir? Du warst so lange nicht mehr hier. Was hast du gemacht in die ganze Zeit? Ich habe immer nur an dich gedacht.« Antonio, der Kellner, ist ein richtiger Charmeur. Mareike muss lachen.

»Bist du allein?«

»Ja«, sagt Mareike nur kurz, und er bietet ihr einen Platz an. »So schöne Frau und immer allein …«, murmelt Antonio hörbar.

»Ja«, denkt sich Mareike, »und immer allein …«

Schon während des Films hat sie die Frage, warum sie mit ihren zweiundzwanzig Jahren schon seit fast drei Jahren keinen Freund mehr hatte, ein wenig zur Seite geschoben.

»Eine Pizza mit Spinat und Gorgonzola, bitte«, bestellt sie rasch, bevor sie sich setzt. »Und bring mir bitte ein Glas von eurem roten Hauswein.«

»Ein kleines Glas, wie immer?«

Mareike nickt und lacht.

Von ihrem Platz aus kann sie hinter der weihnachtlichen Lichterkette und an einem Schild vorbei auf die Straße sehen, aber sie hat auch einen guten Blick in das Restaurant. Zwei Tische weiter sitzen zwei gutaussehende jüngere Männer, aber sie wird den Verdacht nicht los, dass sich keiner der beiden für Frauen interessiert. Dann fällt ihr Blick auf ein Paar, das weiter hinten im Lokal sitzt. Ein sehr kleiner Mann mit einem rundlichen Gesicht, der Mitte dreißig sein könnte, und eine große Frau mit einer sehr lockigen Frisur, die etwas älter ist. Sehr angeregt unterhalten sich die beiden. Immer wieder hebt der Mann, der pausenlos auf die Frau einredet, seine Hand, um etwas zu erklären, und fuchtelt mit dem Messer in der Luft herum, während die Frau gebannt auf das Messer starrt. Mareike grinst vor sich hin, als ihr der Kellner die Pizza auf den Tisch stellt. »Prego, Signorina …«, sagt er und zündet mit

einem »Oh, scusi« die Kerze auf ihrem Tisch an. Als sie den ersten Happen im Mund hat, bereut Mareike, so lange nicht mehr hier gewesen zu sein.
In der kleinen Gasse draußen laufen immer wieder Menschen vorbei. Viele davon Arm in Arm. Ein junger Mann geht auf der anderen Straßenseite, aber anstatt auf den Weg zu schauen, tippt er auf seinem Handy herum, stolpert beinahe, um dann seinen Weg, die Augen wieder auf das Display gerichtet, fortzusetzen.
Mareike geht es schon besser als in den Tagen davor, aber sie spürt immer noch ein wenig Traurigkeit in sich, wenn sie an Weihnachten denkt und daran, dass sie in diesem Jahr wohl nicht mit ihren Geschwistern zusammen feiern wird. Sie ist satt, hat aber noch Lust auf ein zweites Glas Wein. Doch der Kellner steht nun abgewandt in der Ecke und beschäftigt sich mit seinem Handy. Da erinnert sie sich, dass sie noch einmal ihr altes Handy anschalten wollte, um zu sehen, ob sich noch jemand gemeldet hat. Den Vertrag hat sie schon seit drei Monaten gekündigt, längst haben fast alle ihre Freunde die neue Nummer, aber bevor dieses Telefon in den nächsten Tagen endgültig abgeschaltet wird, möchte sie noch einmal nachsehen, ob noch Nachrichten angekommen sind.
Endlich schaut Antonio in ihre Richtung, und sie winkt ihm. »Kann ich noch ein Glas Wein haben?« Ein tiefer Ton meldet ihr, dass sie die falsche PIN-Nummer eingegeben hat. Einen Moment überlegt sie, aber dann fällt ihr die richtige Nummer ein.
Eine ganze Weile lang bleibt das Handy still, aber dann hört sie einen kurzen Hinweiston und, während sie das alte Handy in die Hand nimmt, einen zweiten und dann gleich noch einmal einen dritten. »Mama … Ach, Mensch«, seufzt sie.

Dreimal hat sie ihrer Mutter die neue Nummer gegeben und ihr eingeschärft, die alte nicht mehr zu benutzen. Und noch einmal ihre Mutter. Dann eine Werbung ihres alten Telefonanbieters und noch einmal ihre Mutter. Dann stutzt sie: eine Festnetznummer, die sie nicht kennt. Anruf vom 09. 12., 14:48:22. Das ist sechs Tage her.
Dann liest sie den Namen des Anrufers: »Roland«.
Der Schreck steht noch in ihrem Gesicht, als sie die Nachricht öffnet.
»Liebe Mareike! Mir geht es besser. Ich denke sehr oft an die Begegnung mit Dir, die ein Wendepunkt in meinem Leben war. Ich hoffe, dass Du Dich noch an mich erinnerst und nicht enttäuscht bist, dass ich mich nie gemeldet habe. Ich würde mich sehr freuen, noch einmal von Dir zu hören. Liebe Grüße, Roland.«
Gebannt schaut sie auf die kleine, grün leuchtende Anzeige, bis sie Antonio bemerkt, der mit der Weinflasche neben ihr steht. »Nein, danke, Antonio«, winkt sie abwesend ab, »keinen Wein mehr jetzt, danke.« Vor fast sechs Tagen kam diese SMS. Sie ärgert sich, dass sie nicht früher einmal in ihr altes Handy gesehen hat. Aber Roland hatte sich ja auch so lange nicht gemeldet. Sie schließt die SMS und schaut nach der nächsten:
»Kostenfreie Anrufinfo vom 12.12., 10:22:17 …«
Offenbar hat Roland mehrfach versucht, sie anzurufen. Und dann noch eine SMS vom Vorabend:
»Liebe Mareike, schade, dass ich Dich nicht erreichen kann. Ich hoffe, es geht Dir gut. Ich wünsche Dir alles Liebe und Gute! LG Roland. 14. 12., 17:11:03.«
Hastig beginnt Mareike in ihr Handy zu tippen. »Lieber Roland, ich habe seit fast drei Monaten ein neues Handy und bin auf diesem fast nicht mehr erreichbar. Ich habe mich sehr gefreut, von Dir zu hören. Bitte melde Dich noch

einmal, ich würde gern wissen, wie es Dir seit unserem Treffen ergangen ist. LG Mareike.« Antonio legt ihr unaufgefordert die Rechnung auf den Tisch und bemerkt:
»Wir schließen in eine paar Minute.«
Sie schaut auf die Uhr. Es ist kurz vor zwölf. Sie legt einen Geldschein auf den Tisch und blickt wieder auf das Handy, dessen Display jetzt dunkel geworden ist, aber dann fällt es ihr vor Schreck aus der Hand, als sie den Pfeifton noch einmal hört und das Display wieder zu leuchten beginnt.
»Mamma mia ...«, hört sie Antonio sagen, der grinsend neben ihr steht. »Sicher eine Verehrer.«
»Nein«, beeilt sich Mareike zu sagen. »Nur ein guter Freund.«
»Ja, ja ...« Antonio gibt ihr das Wechselgeld, während sie die SMS liest. »... ich verstehe.«
»Liebe Mareike, kann ich dann die neue Handynummer auch bekommen? Dann ist es viel einfacher, in Kontakt zu bleiben. ;-) Ich bin Dir ja noch eine Erklärung schuldig ...«
Mareike wird rot: Natürlich hätte sie Roland ihre neue Telefonnummer mitschicken sollen. Immer wieder vertippt sie sich, als sie ihm nun die Nachricht mit der neuen Telefonnummer schickt. »Du bist mir nichts schuldig. Aber bitte erzähl mir unbedingt, was Du jetzt machst«, setzt sie dazu.
Einen Moment lang wartet sie darauf, ob Roland sich noch einmal meldet. Die beiden Männer am Nebentisch sind schon gegangen. Jetzt sieht sie auch zwei Männer aus der Küche kommen und beobachtet ein wenig amüsiert, wie der Mann, der am anderen Ende des Lokals gesessen hat, sich etwas ungeschickt bemüht, seiner deutlich größeren Begleiterin in den Mantel zu helfen. Da klingelt das Telefon.
Mareike holt tief Luft.

»Hallo, Mareike«, hört sie Rolands Stimme. »Ich dachte, wenn du so spät noch schreibst, kann ich vielleicht auch noch anrufen. Ich hoffe, ich störe nicht …«
»Nein.« Mareike verschluckt sich. Einen Moment wird es still auf der anderen Seite.
»Oder …? Nicht, dass es dich in eine Verlegenheit bringt.« Roland ist sich nicht mehr sicher.
»Nein, nein. Gar nicht.« Mareike weiß nicht, was sie sagen will, aber Roland beginnt, ein paar Andeutungen zu machen, was seine Geschichte betrifft, und während Antonio an der Theke steht und immer wieder die Augen verdreht, entwickelt sich nach und nach das Gespräch.
»Nur eine gute Freund?«, fragt Antonio halb belustigt, als er Mareike in den Mantel hilft. Es ist zwanzig vor eins. Statt einer Antwort lächelt Mareike. »Entschuldigung«, sagt sie. Dann huscht sie mit einem Lächeln auf den Lippen aus dem Lokal.
»Mamma mia.« Antonio schaut ihr kopfschüttelnd hinterher, als er das Lokal schließt und Mareike in der verschneiten Gasse verschwindet.

Ich hätte mich einfach nicht früher bei ihr melden können. Ich musste das alles erst hinter mir lassen. Das war eine ganze Kette von sehr anstrengenden Dingen: Der Gang zur Polizei. Dann dieser Tag danach, das Gespräch mit Fischer und am Abend mit meinen Eltern. Sie waren entsetzt, mein Vater tobte. Ein paar Tage danach rief er mich an, er wollte mich sehen und sagte mir zu, dass er mich finanziell unterstützen würde.
Dann die ganze Zeit in der Firma, diese Tage, an denen ich still meine Arbeit machte und mich dabei so schämte. Ich hatte immer das Gefühl, alle wüssten etwas, obwohl es dann doch wirklich bei

Fischer und seiner Buchhalterin, Frau Schmolln, blieb. Die Gerichtstermine, vor denen ich so viel Angst hatte. Die Verhandlungen; die gegen mich und die andere gegen Lewandowski und Schmitt.
Schon allein das Warten darauf, die Angst vor diesem Tag, der unausweichlich näherrückte, machte mich völlig fertig.
Als dann Ende September alles vorbei war, brauchte ich einfach nur Ruhe, viel Ruhe. Ich war oft für mich allein. Ich spürte auch, dass sich noch mehr in meinem Leben ändern müsste, dass das alles nicht mehr stimmig war. Es war eine gute Zeit, aber ich brauchte sie für mich, um zu mir zu finden.

Samstagabend. Genau ein Jahr liegt die Begegnung zwischen Mareike und Roland zurück. Es ist ein wenig Zufall und doch auch ein wenig unausgesprochene Absicht von beiden, sich gerade für diesen Abend zu verabreden. Mareike sitzt in der U-Bahn, die gerade in den Hauptbahnhof einfährt. Schon vom Fenster aus sieht sie Roland. Er trägt jetzt einen Dreitagebart. Für einen Moment nimmt das Herzklopfen in ihrer Brust noch zu. Auch Roland hat sie gesehen, er ist ein paar Schritte mit der einrollenden U-Bahn mitgelaufen.
»Mareike!«, sagt er nur, als sie aussteigt, und schaut ihr ins Gesicht.
»Hallo, guten Abend.« Sie strahlt.
»Wie schön. Danke, dass das geklappt hat.«
Dann gehen die beiden zwischen all den Menschen hindurch zum Ausgang. Überall sieht man die Lichter der adventlichen Dekoration, in der Eingangshalle steht ein riesiger Christbaum.
Ihr Weg führt sie durch einen übervollen Weihnachts-

markt. Dicht an dicht gehen sie weiter, bis sie eine große Straße erreichen, dort ein großes indisches Restaurant aufsuchen und an der Fensterfront zur Straße hin Platz nehmen. Den ganzen Weg über hat Roland immer wieder Mareike angeschaut, und sie hat ihn angelacht.

»O Mann. Es war ein weiter Weg bis hier«, beginnt er das Gespräch.

Gespannt sieht sie ihn an. Der Kellner bringt ihnen die Karte.

»Das vegetarische Menü hier ist fein – wenn du so etwas magst.«

Mareike strahlt immer noch. Sie hatte sich gerade einen Moment zuvor für dieses Menü entschieden.

Vor dem Fenster sehen sie Menschen vorbeigehen. Lichter von Autos mit dampfendem Auspuff, die vor der roten Ampel warten. Ab und zu fährt eine Straßenbahn vorbei. Alles dort draußen lebt und ist in Bewegung, und doch dringt kaum etwas von dieser Unruhe in das Lokal.

Immer wieder begegnen sich die Blicke der beiden für einen Bruchteil einer Sekunde, um dann schüchtern auszuweichen auf das, was sich um sie herum tut.

»Ja«, seufzt Roland. Dann sieht er direkt in Mareikes Augen und beginnt zu erzählen. Wie er nach dem Schulabschluss bei Fischer anfing. Dass er immer mal wieder andere Freundinnen hatte.

Wie er Anja begegnete, die zwei Jahre jünger war und sehr attraktiv. Dass er es nach einiger Zeit schaffte, mit ihr zusammen zu sein. Dass sie hohe Ansprüche hatte, sich immer wieder zum »Shoppen« einladen ließ, Wert darauf legte, dass er ein Auto fuhr, das er sich eigentlich nicht leisten konnte. Dass sie seinen Eltern nicht passte und er sich mit ihnen überwarf, obwohl sie gar nicht viel zu allem sagten. Dass es dann nicht lange dauerte, bis er knapp bei Kasse war. Schon Mitte des Monats kein Geld mehr hatte, Anjas Ansprüche aber immer weiter wuchsen. Wie er begann, Geld aus der Firmenkasse zu nehmen. Erst nur fünfzig Euro, dann immer mal wieder ein- oder zweihundert Euro. Wie ihm einige Zeit später Lewandowski und Schmitt auf die Schliche kamen. Dass er anfangs glaubte, die beiden würden es dem Chef melden, und er fast erleichtert war, dass damit wohl alles erledigt sei – sich dann aber bald herausstellte, dass die beiden ihn erpressten und ihn zwangen, noch deutlich mehr Geld mitgehen zu lassen.

Zu allem Überfluss verließ Anja ihn trotzdem, und er hatte mit seinem gebrauchten Auto, das er auf Pump gekauft hatte, einen Unfall. »Die Beziehung war von Anfang an nichts. Jetzt hatte ich nur noch Schulden und ein Riesenproblem.« Er habe sich selbst dafür verachtet, gemerkt, dass er alles falsch gemacht hatte, und sich nicht verziehen, seinem Chef Geld gestohlen zu haben. »Und dann hatte ich großes Glück. Ich habe gar nicht bemerkt, dass ich in der U-Bahn sitzen geblieben war und in die falsche Richtung unterwegs war. Bis du kamst und dich um mich gekümmert hast. Ich bin noch in dieser Nacht zur Polizei gegangen, um reinen Tisch zu machen, habe alles erzählt, anfangs ohne etwas von Lewandowski und Schmitt zu sagen: Ich hatte Angst, mit den beiden noch mehr Ärger zu bekommen.«

Mareike sieht Roland mit großen Augen an. Fast vergisst sie, etwas zu essen. Es ist schon kurz vor elf, als Roland mit seiner Geschichte fertig ist und ihr erzählt, dass er nun vorhat, etwas ganz anderes zu machen. Dass er studieren möchte und das auch ohne große Hilfe von anderen schaffen wird. »Ich habe mir eine kleinere Wohnung genommen und werde neben dem Studium fünfzehn Stunden in der

Woche weiter bei Fischer arbeiten. Zwei Nachmittage in der Woche und samstags.«

Er sah wirklich noch viel besser aus, als ich es in Erinnerung hatte. Nicht so wie ein Dressman. Einfach urig, einfach nett. Liebenswert. Diese Augen. Dieser klare Blick. Ich sah ihn, und ich hatte das Gefühl, ihn schon lange zu kennen. Immer schon zu kennen. Dabei waren wir uns doch erst einmal begegnet. Völlig verrückt. Ich wusste für mich: Hier bist du gut aufgehoben. Ich wusste es von Anfang an. Ich dachte den ganzen Abend über: Mareike, der ist es – du bist angekommen! Natürlich war ich mir auch unsicher, ob er sich wirklich für mich interessieren würde, aber dann redete er. Und an seiner Art zu reden merkte ich, dass ich ihm sympathisch war.

Von außen betrachtet, ging das ja alles sehr schnell. Dass wir so bald fest zusammen waren. Als wir uns dann eine gemeinsame Wohnung suchten und ein Jahr später am 20. Dezember heirateten, dachten doch alle, wir seien verrückt geworden. Meine Schwester, zu der ich lange keinen Kontakt hatte, sah ihn ja auf der Hochzeit das erste Mal. Und Roland, der noch studierte: Die meisten hielten uns einfach für durchgeknallt und dachten, dass das alles nicht lange halten wird.

Aber seitdem wir zusammen sind, bin ich nie wieder in so ein tiefes Loch gefallen wie damals, kurz bevor Roland sich zurückmeldete. Sogar als ich im Januar meine Kündigung bekam, war ich gut drauf. Und nach zwei Monaten Arbeitslosigkeit hatte ich meinen Job zurück.

Diese »Billigübersetzer«, zu denen der Wirtschaftsverlag gewechselt hatte, waren einfach zu schlecht. Wir bekamen einen neuen Rahmenvertrag und hatten mehr Arbeit als je zuvor. Aber das war ja auch alles nebensächlich. Roland und ich waren zusam-

men. Wir hatten uns gefunden. Roland hatte ein neues Ziel, und wir hatten einen Halt.

Langsam wacht Mareike auf. Sie ist erholt, hat richtig gut geschlafen in dieser Nacht.
Es war spät geworden, weit nach Mitternacht hat sie die letzte U-Bahn nach Hause verpasst. Einen Moment lang hatte sie überlegt, aber dann hat sie genug Vertrauen gehabt, um zu Roland zu gehen und dort zu übernachten.
Jetzt, wo es hell wird, sieht dieser Raum ganz anders aus als gestern. Ein wenig von seinem Duft dringt auch hier drinnen an ihre Nase, auch wenn er selbst, der darauf bestanden hat, ihr sein Bett anzubieten, diese Nacht auf der Couch im Wohnzimmer verbracht hat.
Der ganze Raum ist voller Bücher. Sie steht auf und sieht sich um. Ein Motivationstrainer steht neben einem Buch von Hesse, ein Handwerkerlexikon neben einem Buch über Rotwein, ein Bildband über Afrika neben zwei Bänden von Karl May, ein Buch über Konservendosenetiketten neben einem Kirchengesangbuch. In einem freien Teil des Regals liegen ein paar Schnürsenkel, ein Taschenmesser und eine CD mit Chansons von Edith Piaf. Ein Bilderrahmen zeigt einen Mann, der aussieht, als könnte es Rolands Vater sein. Davor liegt ein vergilbter Zeitungsausschnitt. Sie öffnet ihn: Es ist die Geschichte eines kleinen Jungen, der mit seinem Schlauchboot vor der amerikanischen Küste in eine Strömung geriet und nach sechsundzwanzig Stunden gerettet wurde, als ihn schon alle verloren glaubten. Vorsichtig faltet sie ihn wieder zusammen und legt ihn zurück.
Dann öffnet sie leise die Tür und geht an Roland vorbei, der auf der Couch liegt. Einen Moment bleibt sie stehen und

betrachtet ihn, wie er da liegt, zusammengekauert unter einer etwas zu kleinen Daunendecke, über der noch eine Wolldecke liegt. Auch das Sofa ist eigentlich viel zu kurz für diesen Mann, und trotzdem schafft er es, sich so einzurollen, dass nur die Haare und ein wenig von der Nase und dem Mund aus dem Kissen herausschauen. Am liebsten würde sie sich jetzt zu ihm nach unten beugen und ihm das Haar und die Schulter streicheln, aber dann geht sie ein Stück weiter an ihm vorbei, um nach Kaffee und Tassen zu suchen.

Es ist ein wolkenverhangener Tag, aber sie spürt so viel Sonne wie noch nie vorher in ihrem Leben. Während der Kaffee durch die Maschine läuft, beobachtet sie Roland, der auf dem Sofa liegt und schläft. Sie nimmt eine der Tassen und gießt etwas Kaffee hinein, dann geht sie langsam auf das Sofa zu und fächelt mit der Hand den Duft des Kaffees in sein Gesicht. Und nach und nach beginnt er sich zu bewegen, windet sein Gesicht aus dem Kissen und schaut sie mit großen Augen an.

»Du?«, fragt er. »Ich hab das nicht alles nur geträumt?«

Seine Haare stehen in alle Richtungen, mitten über das Gesicht zieht sich der Abdruck einer Kissenfalte.

»Ich muss bald los«, sagt sie. »Ich bin heute Mittag bei meiner Mutter zum Essen eingeladen.«

Er scheint enttäuscht zu sein.

Sie legt ihre Hand auf seine Haare, streichelt ihm übers Gesicht.

»Keine Sorge.« Sie küsst seine Backe. »Ich bin bald wieder da, wenn du es willst. Ich schlafe hier sowieso viel besser als zu Hause.«

Er lächelt.

»Bald?«, fragt er.

»Ja«, sagt sie. Sie nimmt seine Hand.

Er richtet sich auf und umarmt sie so fest, dass ihr die Tasse aus der Hand fällt.

Im selben Moment, in dem ich Mareike angeboten hatte, mit zu mir zu kommen, nachdem sie die U-Bahn verpasst hatte, war mir das schon peinlich gewesen. Was sollte sie nun von mir denken? Prüfend schaute sie mich an. Stotternd stellte ich klar: Natürlich würde ich auf dem Sofa schlafen. O Mann, ich dachte: »Was für ein peinliches Ende an so einem schönen Abend.« Ich wollte am liebsten im Erdboden versinken.
Dann sagte sie: »Okay.«
Mir kam es selbst fast komisch vor. Ein Jahr zuvor war ich dieser Frau am Tiefpunkt meines Lebens begegnet, und jetzt hatte ich das Gefühl, mit ihr fliegen zu können. Drei Wochen später bemerkte ich eher nebenbei, dass ich mir vorstellen könne, für immer mit ihr zusammenzubleiben. Darauf meinte sie nur: »Du müsstest mich einfach nur fragen.«
Das war typisch Mareike.

Es ist schon nach Mitternacht, der zehnte Hochzeitstag vorbei. Lea und Tim sind längst im Bett, und auch die meisten Gäste sind schon gegangen. Claire und Martin sitzen noch da und hören gebannt zu. Sie unterbrechen Mareike und Roland nur selten. Dann kichert Roland und erzählt noch, wie er nach seinem Studium eines Tages im Gerichtsgebäude dem verdutzten Richter über den Weg lief, der seinerzeit die Verhandlung führte.

Er hat mich wiedererkannt, aber er konnte mich nicht gleich einordnen. Ich erklärte mich: Es ging um eine Unterschlagung. Und dann erzählte ich ihm, dass ich seit mehr als vier Jahren als Bewährungshelfer arbeite. »Ich hatte Ihnen doch gesagt, dass ich Sie hier nie mehr wieder sehen möchte«, scherzte er. Dann meinte er, er sei sich schon damals sicher gewesen, dass ich keine Probleme mehr machen würde. Diese beiden anderen – Lewandowski und Schmitt eben –, das seien ja richtig üble Typen gewesen. Und er erinnerte sich noch sehr gut an meinen Chef. Den habe er sich gemerkt: Selten begegne er so einem netten Gauner wie ihm. Ich solle froh sein, denn der habe es ihm einfach gemacht, mich ohne Strafe davonkommen zu lassen. Na ja, sonst hätte ich eine Vorstrafe bekommen und das mit dem Bewährungshelfer wohl nie machen können.

Ja, so war das: Mareikes und meine Geschichte erzählt davon, wie aus einem Tiefpunkt im Leben ein großer Sieg werden kann. Wir sind nicht am Ende, auch wenn wir das manchmal glauben!

Unsere Geschichte ist eine Geschichte der Abgründe, die in jedem von uns stecken. Schatten, in die Licht fällt, wenn man gute Menschen trifft. Ein Licht, das man weitertragen muss, wenn es einen erreicht hat.

Dann ist es einfach nur still. Was Roland zum Schluss an diesem Abend beobachtet, an dem Mareike und er Freunde eingeladen haben, um wie in jedem Jahr kurz vor Weihnachten ihren Hochzeitstag zu feiern, klingt fast wie ein Schlusssatz. Mareike nimmt Rolands Hand und schaut ihn liebevoll an. Claire und Martin schweigen nachdenklich. Sie kannten diese Geschichte schon, und doch hatten sie nicht alles so genau gewusst.

Martin, der Restaurator ist und viel malt, sieht dieses Bild: Das Licht einer Stehlampe scheint durch Mareikes dunkelblondes Haar. Sie hat sich eine Decke umgehängt, um sich zu wärmen. Mareike hat eine sehr lichtvolle Ausstrahlung. Wenn man eine Frau suchen würde, um einen Engel oder eine Madonna zu malen, dann wäre sie wohl ein gutes Modell.

Eisenhardt

Einmal im Jahr läuft die Zeit selbst in einen ruhigen Hafen ein und legt dort für ein paar Tage an.
Beinahe möchte man nicht glauben, dass dies auch hier in dieser Stadt geschehen könnte. Ein Jahr, das so kurz vor dem Ende noch nicht zur Ruhe gekommen ist, sich noch nicht aufgegeben hat. Es ist noch zu früh für die Menschen, um das Jahr loszulassen. Zu früh, um den Blick nach innen zu wenden. Und auch zu früh, um Bilanz zu ziehen.
Tannengrün in den Schaufenstern und Lichterketten, die über die Straßen gespannt sind. Menschen, die eilig an den Schaufenstern vorbeilaufen. Als ob es immer so weitergehen würde, ohne Unterbrechung.
Fast ist es, als ob man so kurz vor dem Ziel das wenige, das noch geschehen wird, absehen kann. Und doch kann sich noch so vieles ändern.

Die Uhr auf dem Schreibtisch zeigte 14.57 Uhr. Stefan Mahler saß seit zwei Minuten im Büro von Norbert Eisenhardt an einem großen runden Designertisch und wartete. Sein Blick fiel auf die modernen Gemälde an der Wand, allesamt Originale unbekannter, aber talentierter Künstler. Eisenhardts Büro war fast so groß wie der Konferenzraum. Welch ein Kontrast zu den engen Büroräumen, in denen Mahler und seine Kollegen arbeiteten. Eisenhardt hatte die Füße genau in Mahlers Richtung auf seinen Tisch gelegt. Er blätterte in einem Automagazin.

Irgendwann hielt er das Magazin nach oben und zeigte Mahler eine Doppelseite mit der Überschrift »Auto des Jahres«. Darunter war eine große weiße Limousine zu sehen. »Wissen Sie, was das ist, Mahler?«

»Ja, sicher, also: Ich weiß nicht, was Sie meinen.«

Eisenhardt setzte ein überhebliches Lächeln auf.

»Edelmüll. Mist auf hohem Niveau. Nicht mal 500 PS. Etwas für Möchtegerns. Ein Prolo-Auto. Einfach nichts Richtiges. Wenn Sie mal ein richtiges Auto sehen wollen, dann schauen Sie in den Hof runter. Da steht eines, Mahler. Nicht so eine uninteressante Gurke, vollgestopft mit Technik von Leuten, die Durchschnittsautos bauen. Durchschnittsautos für Durchschnittsmenschen. Nein, das Auto da unten ist ein Auto, wie eigentlich jedes Auto sein sollte. Na ...«, er hob die Zeitschrift noch einmal hoch und schnaubte verächtlich. »Wer so was mag ... Was soll's?« Er blätterte weiter. Mahler sah verstohlen auf die Uhr. Donnerstags hatte er eigentlich nachmittags frei, er hätte schon längst gehen wollen, aber er brauchte den Termin mit dem Chef, um die Steuerunterlagen für diesen Monat rechtzeitig fertigzubekommen, und Eisenhardt hatte eben erst um fünfzehn Uhr Zeit.

Ohne Mahler anzusehen, blätterte Eisenhardt weiter, dann bemerkte er irgendwann in einem provozierenden Ton: »Haben Sie es eilig, Mahler?«

»Nein, es geht schon noch, ich habe nur später noch einen Termin.«

Die Tür öffnete sich, eine blonde jüngere Dame schaute ins Zimmer.

»Die vom Autohaus Wegener & Kant haben schon wieder angerufen. Wegen der Rechnung.«

»Ja.« Mahler nickte. »Die wollen ihr Geld. Wir überweisen nächste Woche. Aber wir ziehen noch etwas ab. Es lässt sich immer ein Grund finden.«

»Wegener ist selbst dran. Er wollte Sie sprechen.«
»Ich bin aber nicht zu sprechen.«
»Was soll ich ihm sagen?«
»Denken Sie sich was aus, Fräulein Braun. Sie sind doch die Sekretärin hier.«
Frau Braun runzelte die Stirn. Das »Fräulein« ärgerte sie; sie hatte es mehrfach angesprochen, und offenbar benutzte Eisenhardt dieses Wort absichtlich. Oder es war ihm so egal, dass es keinen Sinn machte, noch einmal etwas dazu zu sagen. Sie zog die Tür wieder zu.
Eisenhardt legte das Magazin weg, zog die Füße vom Schreibtisch und wandte sich seinem Bildschirm zu. Ohne Mahler anzusehen, begann er zeitgleich seine Computermaus zu bewegen und mit ihm zu reden:
»Und nun zu Ihnen, Herr Mahler. Was kann ich für Sie tun?«
»Na ja, Herr Eisenhardt, Sie müssten mir bitte noch die Rechnungen unterschreiben, bevor Sie in den Weihnachtsurlaub gehen, und mir fehlen noch einige Angaben auf Bewirtungsbelegen. Vor allem die beiden hier …«, er zog etwas aus einer Hülle und legte es auf den Tisch, »… die ja ungewöhnlich hoch sind und dazu beide an einem Samstag.«
Eisenhardt sah kurz auf einen der Belege. Ein Lächeln huschte über sein Gesicht.
»Ja, ich erinnere mich. Ein netter Abend. Lassen Sie sie hier, mir fällt schon was ein.«
»Und die Gehälter?«
»Morgen, Mahler. Morgen. Lassen Sie die auch hier.«
Jetzt war auch Mahler genervt. Er wusste, am kommenden Tag würde er seinem Chef erneut wegen der Rechnungen hinterherlaufen müssen.
»Hier sind die von der *Eisenhardt Real Estate.* Dann … die

von der *Eisenhardt Immo Consult,* in der grünen Hülle die von *Eisenhardt und Frank Insurance.* Und dann hier die beiden von der *Eisenhardt und Partner Marketing.*«

Noch einmal öffnete sich die Tür. »Entschuldigen Sie bitte, dass ich noch einmal störe, aber es ist Ihre Frau, Herr Eisenhardt.«

»Hab jetzt keine Zeit. Sie sehen doch, ich bin in einer Besprechung.«

»Sie sagte, es sei dringend.«

»Ja, Fräulein Braun. Wenn meine Frau anruft, sagt sie immer, es sei dringend. Vielleicht hat sie wieder nichts Passendes für irgendjemanden zu Weihnachten gefunden, was weiß ich. Sagen Sie ihr einfach, ich rufe zurück, wenn es geht. Ach, schau da …«

Er beugte sich vor zum Bildschirm. »Der Goldpreis ist noch einmal etwas nach oben gegangen. Da hatte ich ja mal wieder den richtigen Riecher.«

Immer noch stand Frau Braun in der Tür.

»Ist noch was, Fräulein Braun?«

»Ja, denken Sie noch an den Termin in der Schule?«

»Hm. Sechzehn Uhr. Ich schaffe das schon. Die warten ja auf mich und nicht umgekehrt. Und wenn ich da pünktlich bin, glauben die am Ende noch, ich würde mein Geld im Schlaf verdienen.«

Er tippte etwas in seinen Computer und sah konzentriert auf den Bildschirm. »Da unten am Golf, Mahler, da kracht es noch mal, spätestens in anderthalb Jahren, glauben Sie es mir. Und dann geht der Ölpreis noch mal nach oben. Und wir werden daran mitverdienen, Mahler, verstehen Sie?«

Mahler starrte auf die Rückseite des Bildschirms, hinter dem Eisenhardt saß. Er überlegte einen Moment, aber dann schaffte er es nicht, einfach zu schweigen: »Finden Sie das nicht ein wenig abstoßend?« Mahler spürte den Puls in seiner Halsschlagader. »Irgendwo anders in der Welt ist Krieg, und dann verdient man an irgendeinem anderen Ort der Welt Geld damit? Gibt es keine Grenzen mehr, was unsere Gewinnsucht angeht? Keine Gefühle, nur weil man diese Menschen nicht vor sich hat, weil man das Elend nur in den Medien sieht?«

Eisenhardt tauchte hinter seinem Bildschirm auf. »Gefühle, Mahler? Gefühle. Waren das auch die Gefühle, die mit Ihnen durchgegangen sind, als Sie das bei Ihrem letzten Arbeitgeber vermasselt haben? Fühlen, Mahler, das Fühlen ist nichts! Gar nichts. Es ist überflüssig. Es bringt den Menschen Unglück. Geld oder meinetwegen Gold, solide Immobilien in einer guten Lage: Das ist was Greifbares, was Sicheres. Fühlen? Überlassen Sie das den Frauen oder weinenden Kindern oder irgendwelchen Dichtern.«

Mahler hatte das Gefühl, dass Eisenhardt seinen Puls jetzt hören musste. Die Finger seiner Hände verkrampften sich.

»Außerdem fange ich den Krieg ja nicht an«, schwadronierte Eisenhardt weiter, während er den Blick wieder auf den Bildschirm richtete. »Was nützt es, wenn ich mich verkrieche, der Welt den Rücken zukehre? Dann verdienen andere daran, dass der Ölpreis steigt. Wo ist Ihr Problem, Mahler?«

Es machte offenbar keinen Sinn, darüber zu reden. Mahler stand auf.

»Bitte, das wäre wichtig.« Er deutete noch einmal auf die Rechnungen.

»Ja, Mahler. Es ist doch so vieles wichtig im Leben.«

Mahler verließ das Zimmer mit einem angespannten Gesichtsausdruck.

Wäre ihm nur nicht dieser Lapsus bei seinem vorherigen Arbeitgeber passiert, dieses verschleppte Insolvenzverfahren, das man zum Schluss ihm angelastet hatte. Fast ein

Jahr Arbeitslosigkeit hatte es ihm beschert, ihm die größten Probleme bereitet, etwas anderes zu finden als diesen Job hier. Am liebsten hätte er gekündigt, gleich jetzt. Er würde alles annehmen, was nicht noch schlimmer war als diese Stelle bei Eisenhardt.

Mahler setzte sich an seinen Schreibtisch. Er nahm sich vor, heute trotz des Schneeregens die vier Stationen nicht mit dem Bus nach Hause zu fahren, sondern zu Fuß zu gehen. Jeder Schritt an der frischen Luft würde ihn ein wenig von allem hier befreien. Er blickte durch die Lamellen der Jalousie auf den Hof und sah Eisenhardts Traumauto. Ein silbergrauer Sportwagen, der gerade zurücksetzte. Mahler zog die Lamellen weiter auseinander. Einen Moment später verließ Eisenhardt den Hof und bog auf die Hauptstraße ein, drückte sich mit Gewalt in eine enge Lücke im Verkehr und zog auf die Überholspur. Dann war er verschwunden.

Mahler nahm seinen Mantel und seine Schlüssel und verließ das Büro.

Am Empfang begegnete er Frau Braun.

Ein Kopfschütteln.

»Wissen Sie, wer mir leidtut?«, fragte sie ihn.

Mahler zuckte mit den Schultern.

»Keine Ahnung.«

»Seine Frau. Seine Frau, die tut mir leid.« Frau Braun verzog das Gesicht.

»Und wissen Sie, liebe Frau Braun, wer mir leidtut? Wir alle hier. Seine Frau sieht ihn doch wenigstens kaum noch.«

Eine kleine Feier in der Schule, vor dem großen Fest.
Ein Geschäft, eingepackt wie ein Geschenk.
Glanz mit doppeltem Boden.

Breite Risse im dünnen Eis, aber der, den es trägt, achtet nicht darauf.
Bemerkt nicht die feinen Bewegungen unter seinen Füßen.
Ein Boden, der ihn nicht mehr lange tragen wird.

Es war eine Genugtuung für Norbert Eisenhardt, seinen neuen Wagen auf dem Parkplatz vor seiner ehemaligen Schule abzustellen. Der volle Parkplatz mit all diesen Stadtautos, den unförmigen Kombis und Vans. Es gab keinen freien Platz mehr. Also stellte er den Wagen einfach irgendwo mittendrin ab, ohne Rücksicht darauf zu nehmen, dass er drei andere Autos zuparkte.
Die Uhr in seinem Auto zeigte schon 16.07 Uhr, sieben Minuten zu spät. Vielleicht hatte man bereits bei ihm im Büro anrufen lassen, wer weiß. Als Schüler hatte er sich oft schikaniert gefühlt, wenn er zu spät kam. Was in ihm steckte, hatte damals sowieso niemand erkannt. Jetzt konnte er es sich leisten, als Letzter den Saal zu betreten.
Nasse Schneeflocken, die auf seine Windschutzscheibe fielen, dort tauten und in nassen Bahnen nach unten liefen. Durch die Fenster der Schule sah er in den Musiksaal; einige Schüler schauten gelangweilt aus dem Fenster. Er nahm sein Smartphone und rief die Seite mit den Lokalnachrichten auf, um zu prüfen, ob die Veranstaltung auch – wie geplant – angekündigt war. Ein gutes Geschäft: Eine Spende, die er absetzen konnte, kurz vor Weihnachten. Und für morgen eine ganze Seite im Lokalteil. Über den Erfolg des ehemaligen Schülers, seine Firmen, seinen Einfluss. Der Direktor, Dr. Merten, hatte es mit der Presse vereinbart, um die Spende zu bekommen, und es ihm fest zugesagt.
Eisenhardt stieg aus und betrat das Schulgebäude. Auf dem

Weg zum Musiksaal hingen Bilder mit Klassenfotos vergangener Jahrgänge. Eisenhardt ging gemessenen Schrittes daran vorbei. Dann, für einen kurzen Moment, drehte er sich zur Seite und blieb stehen: Ein Bild, auf dem Schulz zu sehen war, sein Klassenlehrer aus der Zehnten und Elften. Schulz: Deutsch, Musik und Religion. Merkwürdig: Schulz war immer streng gewesen, und gerade beim Gedanken an seinen Unterricht tauchte in Eisenhardt so etwas wie Wehmut auf.

Er erinnerte sich daran, dass er gleich beim ersten Mal, als er bei ihm zu spät war, eine Stunde »Extraunterricht« bekam, wie Schulz das nannte – und fortan bei diesem Lehrer pünktlich war. Er erinnerte sich daran, wie Schulz als einziger Lehrer noch in der Oberstufe die Sitzordnung vorgab und ihn nach ganz vorn in die erste Reihe setzte. Religion hatte Eisenhardt damals nur deshalb nicht abgewählt, weil er sonst Sozialkunde als Abifach gehabt hätte, was mehr Lernaufwand gewesen wäre.

Eisenhardt stand vor diesem Bild und konnte sich nicht von dem Anblick lösen. Regelmäßig hatte er sich im Unterricht mit Schulz angelegt, versucht, ihn zu provozieren.

»Glauben heißt nicht wissen«, hatte Eisenhardt einmal in einem unpassenden Moment in den Raum geworfen, die Klasse hatte gelacht.

»Glauben liegt tiefer als Wissen«, hatte Schulz geantwortet. »Es ist das Wissen der Seele.«

»Wissen ist etwas, was man beweisen kann. Für Gott gibt es keinen Beweis. Nicht mal ein schlüssiges Indiz!«

Schulz hatte gelächelt. »Vielleicht wiegt die Ahnung von etwas, das man nicht sehen kann, weil es zu groß für die Augen ist, mehr als das Wissen um das Geringe, das man in der Hand hält?«

Eisenhardt hatte gestutzt, so spontan hatte er nichts mehr

darauf zu sagen gewusst. Dass gerade in diesem Moment der Pausengong durch das Klassenzimmer tönte, war ihm gelegen gekommen. Und dann war Schulz noch auf ihn zugekommen: Eisenhardt hatte geglaubt, er würde ihn tadeln.
»Es ist gut, wenn Sie zweifeln, Eisenhardt«, hatte Schulz ganz ruhig gesagt. »Zweifel gehören dazu, sie sind die Steine auf unserem Weg. Wir müssen sie nur überwinden und dabei auf unserem Weg bleiben, ganz egal, wo er hinführt.« Darüber hatte Eisenhardt sich noch mehr geärgert. Schließlich äußerte er seine Zweifel nicht, um irgendeinen Weg zu gehen, so wie Schulz sich das einbildete. Er wollte gar keinen Weg gehen, sondern einfach nur er selbst sein: leben, Geld verdienen. Etwas werden. Anerkannt sein.
Und doch hatten diese Stunden bei Schulz etwas seltsam Wärmendes ausgestrahlt. Er überlegte noch kurz, ob Schulz, der seit einigen Jahren im Ruhestand war, an diesem Abend wohl auch gekommen war. Er erreichte den Saal, wo man bereits auf ihn wartete.

Eisenhardt redete fast eine halbe Stunde lang, und er kam schnell auf das, was ihm eigentlich wichtig war. Er stellte Musik und Kultur als einen Luxus dar, das Tätigsein in den verschiedenen Bereichen des Berufslebens bezeichnete er als »notwendiges Übel«. »Der gewinnbringende Umgang mit Geld« sei das eigentliche Ziel, denn ohne dieses Geld spiele eben die Musik nicht. Es sei ihm ein Anliegen gewesen, der Schule unter die Arme zu greifen. Wer es, wie er, geschafft habe, habe immer auch ein Auge für andere.
»Und natürlich denke ich dabei auch gern an meine frühere

Schule zurück. 8500 Euro sind natürlich ein ordentlicher Batzen, der erst einmal erwirtschaftet werden muss. Aber ich mache das aus voller Überzeugung. Umgerechnet jede dritte Taste dieses Instruments …«, er wies auf den schönen, gebrauchten Konzertflügel, der dort stand, »… ist damit bezahlt. Gleichzeitig ein Symbol für das dritte Jahr in Folge, in dem die *Eisenhardt Real Estate* eine Gewinnsteigerung von mehr als fünfundzwanzig Prozent aufzuweisen hat.« Damit war er bei seinem Thema. Das Gesicht immer wieder den beiden Reportern der Lokalredaktion zugewandt, erklärte er nun den Schülern, wie man aus Geld mehr Geld macht und dass man dazu viele Fähigkeiten brauche, die man größtenteils nicht in der Schule lernen könne. Er vergaß nichts, was geeignet war, sich persönlich in ein gutes Licht zu rücken. »Erfolg: Ich selbst bin das beste Beispiel dafür. Unter anderem habe ich nach dem Abitur Medizin und Jura studiert, ehe ich mich mit meinen Firmen selbständig machte.« Dass er zwar Medizin studiert, das Studium aber im zweiten Semester abgebrochen hatte und beim Jurastudium mehrfach am zweiten Staatsexamen gescheitert war, verschwieg Eisenhardt.
Er schloss seinen Vortrag mit einem Lächeln in Richtung der Pressevertreter: »Die Eisenhardt-Firmengruppe ist derzeit für Menschen, die diese Fähigkeiten nicht besitzen oder sich einfach ungern mit finanziellen Dingen beschäftigen, weil ihr Interesse und ihre Begabungen in anderen Gebieten liegen, eine der seriösesten Möglichkeiten, an diesen unglaublichen, wachsenden Finanzmärkten zu partizipieren. Und dabei investieren Sie auch noch in Immobilien, die größtenteils in Ihrer Heimat liegen. Vertrauen und Investitionen, die wir mit barem Geld vergüten. Geld, das Ihnen das Leben erleichtert und Ihnen viele Freiheiten und Möglichkeiten schafft. Leichter wird es Ihnen niemand

machen. Vielen Dank, meine Damen und Herren aus dem Lehrerkollegium, verehrte Eltern, liebe Schüler. Ich wünsche den jungen Menschen hier im Raum einen interessanten Lebensweg und viel Erfolg.«

Lächelnd stellte er sich unter dem Beifall des ganzen Saals für die Fotografen in Positur. Er schaute sich ein wenig um. Ob Schulz irgendwo saß? Aber er hatte ihn nirgends gesehen.

»Und wer bezahlt für Ihre Gewinne?«, hörte er die Stimme eine Schülers aus den hinteren Reihen. »Irgendwo muss das Geld ja herkommen, es steht ja keine Leistung dahinter.«

Irritiert sah Eisenhardt in die Richtung, aus der der Kommentar gekommen war. Da hinten saßen ein paar abgerissene Schüler, einige von ihnen hatten einen kämpferischen Blick, ein Mädchen grinste, aber er konnte das Gesicht, das zu diesem unverschämten Einwurf gehörte, in der Menge nicht ausmachen.

»Ja, solche gab es schon zu meiner Zeit«, erklärte er dem Reporter, der ihn gerade fotografierte. »Es ist ja gut, wenn die jungen Leute kritisch sind. Leider sind das dann meistens die, die später stranden. Zumindest, wenn sie nichts dazulernen. Schade.«

»Na ja, so kann man das wohl auch nicht sagen …« Der Mann, der ihn fotografierte, sah ihn distanziert an. Sicher einer von denen, bei denen man genau aufpassen musste, damit sie nichts Falsches schrieben.

»Wir sollten uns dann noch wegen des Interviews …« Eisenhardt schaute auf seine Uhr.

»Ja, gern, Herr Eisenhardt. Gleich nach dem Konzert.«

Das Konzert … ach ja: Hoffentlich würde das nicht so lange dauern. Drei Stücke, eines davon ein Streichquartett, zumindest das hätte man sich sparen können, es wurde ja nicht mal auf dem neuen Flügel gespielt, etwas ärgerlich und unverständlich, man könnte auch sorgsamer mit seiner wertvollen Zeit umgehen: Er hatte ja an diesem Abend noch einen Termin.

Als Eisenhardt schließlich kurz nach sechs die Schule verließ, war es schon dunkel. Ärgerlich, dass alles so lange gedauert hatte. Er hatte ja noch den Termin mit Miller, diesem Bäcker, der ganz offensichtlich trotz einer wirtschaftlich schwierigen Situation aufgrund der vorhandenen Substanz in der Lage war, Geld zu investieren.

Als er den Wagen aufschließen wollte, bemerkte er Schulz, seinen alten Klassenlehrer, der hinter ihm stand.

»Das ist ja fein, dass es Ihnen so gutgeht, Herr Eisenhardt.«

Aus irgendeinem Grund war ihm diese Begegnung unerwartet unangenehm.

»Ja, Herr Schulz. Von nichts kommt nichts.« Eine kleine Gruppe von Schülern kam aus der Schule und diskutierte über seinen neuen Wagen. Eisenhardt strich zufrieden über das silbergraue Dach. »Vom Beten wird man nicht reich«, setzte er hinzu.

»Ja, Herr Eisenhardt. Vom Beten allein vielleicht nicht. Aber ohne das, was über Geld und Zahlen hinausgeht, würde ich mich arm fühlen. Reichtum ohne Dankbarkeit und Freude ist doch wertlos.« Schulz, der immer noch genauso ruhig wie früher war.

Eisenhardt spürte mit einem Mal eine noch größere Eile, von hier fortzukommen. Es war mehr als der Termin, der ihn trieb. Er stieg in seinen Wagen, ein kurzes Winken, kaum dass man sehen konnte, wie er die Hand hob, und wenig später verschwand sein Wagen hinter einer Biegung.

Ein ungleicher Anblick, diese beiden Autos auf dem Hof. Ein weißer Lieferwagen, der schon einige Schrammen abbekommen hat und hier oder da ein wenig Rost zeigt. Daneben ein silbergrauer Sportwagen. Er wird vom Licht gestreift, das aus dem Haus fällt. Drei Menschen sitzen darin um einen Tisch. Zwei Männer, die glauben, einen Gewinn zu machen. Dank eines Vertrages, der beide nur ärmer machen wird, weil er nur das Dokument eines Betruges ist. Dazu eine Frau, die das Spiel längst durchschaut hat, aber es nicht in Worte fassen kann, die die anderen verstehen würden.

»Das …« Norbert Eisenhardt legte mitten im Satz eine Pause ein. Dann schaute er sich um, als ob ihm jemand ungebeten zuhören könnte, und sprach betont leise weiter: »… das ist ein absoluter Geheimtipp! Hören Sie, Herr Miller, ganz ehrlich, sie schuften sich hier mit ihrer Bäckerei und den fünf Filialen halb tot und kommen doch auf keinen grünen Zweig. Was haben Sie in den letzten Jahren erreicht? Sie haben etwas Geld auf die Seite gebracht, ja. Aber ist es wirklich das, was Sie verdient haben? Und, Frau Miller, wenn ich Ihren Mann richtig verstanden habe: In den letzten Jahren ist Ihre wirtschaftliche Situation doch trotz der ganzen Arbeit eher schlechter geworden. Da hätte man schon lange mal ran müssen. Die Zeiten haben sich eben geändert: Allein mit harter Arbeit stoßen Sie heute an Grenzen. Und genau diese Arbeit ist es dann auch, die Ihnen die Zeit nimmt, sich um Ihr Geld zu kümmern, es gewinnbringend anzulegen. Den Fehler machen ja nicht Sie allein. Den machen viele. Anständige Menschen wie Sie, die hart arbeiten, sich abstrampeln, ohne weiterzukommen, während sich das Hamsterrad immer schneller dreht!« Herr Miller sah lange nachdenklich auf den Prospekt, den ihm Eisenhardt hingelegt hatte. Immer wieder nickte er. Eisenhardt schwieg; er fühlte, dass er den Mann fast so weit hatte, der würde kein Problem machen und unterschreiben. Aber es war ihm nicht entgangen, dass Millers Frau skeptisch blieb, dass Zweifel in ihrem Blick lag. Wo immer er auf sie zuzugehen versuchte, wich sie aus. Ein Fisch, der ihm immer wieder aus dem Netz sprang. Die Unterschrift würde er nur bekommen, wenn er auch Millers Frau überzeugen würde.

Die Frau war Mitte vierzig. Dunkle Haare. Ein Gesicht, dessen Falten Geschichten von einem Arbeitsleben erzählten, die Eisenhardt gar nicht hören wollte. Aber genau da würde er ansetzen. »Man kann jeden irgendwo erwischen. Jeden. Anschauen, analysieren, den wunden Punkt finden und dann Heilung in Aussicht stellen.« Er hatte seinen Rhetoriktrainer vor Augen, der ihn geschult hatte, als er vor seiner Selbständigkeit bei einer Vermögensberatung beschäftigt war.

»Ich stelle mir das schon hart vor, Frau Miller. Die Leute sehen nicht, was dahintersteht: ihre Bäckerei, die Filialen. Die Sachen immer frisch, anständige Ware, und dann möchte kaum jemand etwas dafür bezahlen. Und dafür dann mitten in der Nacht raus. Ärger mit den Angestellten. Kunden, die an irgendwelchen Kleinigkeiten rummeckern. Und läuft es an einem der Standorte gut, dann können Sie darauf warten, dass eine oder mehrere der Großbäckereien Ihnen eine Filiale vor die Nase setzt.

Und was haben Sie für all das bekommen? Was haben Sie sich geleistet? Frau Miller, sagen Sie, wann waren Sie mit Ihrem Mann das letzte Mal im Urlaub? Vorhin haben Sie mir erzählt, dass Sie in den letzten fünf Jahren nichts anderes als Ihre Bäckerei gesehen haben.«

Eisenhardt sah sein Opfer mit treuherzigen Augen an.
»Und dann, Herr Miller, dieses alte Auto, das Ihre Frau fährt. Und Sie? Fahren mit dem Lieferwagen sonntags zur Kirche. Na ja …« Das Ehepaar schwieg. Eisenhardt hatte noch nicht gewonnen.
»Frau Miller, das Leben ist nicht immer fair. So viel harte Arbeit … und so wenig Erholung. Ich kenne das von meinen Eltern. Redliche Leute, die sich immer nur für andere abgerackert haben. Wo könnten Sie heute stehen, wären wir uns schon vor zehn Jahren über den Weg gelaufen? Der liebe Gott hat es sicher nicht so bestimmt, dass die guten Menschen nichts vom Leben haben. Und das Leben kann man nicht verschieben. Schneller, als es einem lieb ist, rennt die Zeit weg, und dann …«
Diese Leutchen waren Menschen, die nicht ans Geld glaubten. Aber jetzt sah er, dass auch die Frau im Begriff war, nachzugeben. Sie legte die Hände auf den Tisch und dachte nach. Jetzt musste er sie dazu bringen, die Denkanstöße, die er ihr gegeben hatte, selbst weiterzuführen. »Vielleicht sehe ich das ja auch alles falsch, und Ihr ganzes Geschäft läuft für Sie einfacher, als ich denke.«
»Nein.« Sie schüttelte den Kopf. »Es stimmt schon. Es ist oft schwer.«
Eisenhardt schwieg. Er würde ihr jetzt Raum geben, alles ein wenig weiterzuspinnen, und dann noch einmal auf den Vertrag zurückkommen: zwei Wohnhäuser, in »verkehrsgünstiger Lage« an einer Ausfallstraße. Altbau, keine Schallisolierung. Feuchte Keller. Alte Heizungen. Die Fassaden notdürftig renoviert. Eine Wohnung auf Hochglanz gebracht und dann alles für den Prospekt in Szene gesetzt. Dazu ein guter Leumund, Leute mit Einfluss, die seinen Namen weitertrugen. Das Teuerste daran war sein Anwalt, der alle zum Schweigen bringen würde, die ihm etwas am Zeug

flicken wollten. »Wer bei seinem Anwalt spart, zahlt es später zigfach.« Das hatte er noch von seinem Großvater gelernt, bei dem Eisenhardt aufgewachsen war. Das Geschäft war eine sichere Sache, solange es immer wieder Leute gab wie diese Millers, bei denen man eine Gier wecken konnte, die glaubten, er würde Ihnen etwas schenken, die diese Objekte, für die sie unterschrieben, nicht einmal anschauten.
Er war doch nur Verkäufer: Die Unterschriften setzten sie doch alle selbst unter die Verträge. Freie Menschen, erwachsen wie er, viele von ihnen älter als er: Sie selbst und niemand sonst war für das verantwortlich, was sie unterzeichneten. Seine Verträge waren legal, der Anwalt hatte das im Griff. Die Gesetze waren ohnehin schon gegen Finanzfachleute wie ihn, und trotzdem hatte es bisher niemand geschafft, ihm krumme Touren nachzuweisen.
Frau Miller seufzte.
Eisenhardt beendete das Schweigen: »Ich weiß nicht, was uns heute zusammengeführt hat, aber ich vertraue Ihnen einfach. Ich vertraue darauf, dass Sie gute Menschen sind, die es verdient haben, weiterzukommen. Hart genug gearbeitet haben Sie ja schließlich. Lassen Sie uns ein wenig über die Zukunft reden.«

Herr Miller nickte. »Ja.« Er zog den Prospekt ein wenig näher zu sich. Eisenhardt merkte ihm seine Unruhe an. Dieser Miller: ein einfacher Mensch, der sich freute, dass er mit ihm an einem Tisch saß. »Er sieht aus wie ein Hund, der vor dem Fressnapf sitzt«, ging es Eisenhardt durch den Kopf.
»Ja, ich weiß nicht so recht«, sagte die Frau. »Da ist eben das Geld aus meinem Erbe. Aber die ganze Summe können wir doch gar nicht einbringen. Dieser Kredit, den wir aufnehmen müssten. Ich denk mir noch immer – was, wenn

dann was schiefgeht, dann ist das, was wir uns aufgebaut haben, auch noch weg.«

Er lächelte und wandte sich Herrn Miller zu. »Herr Miller, seien Sie froh und dankbar, dass Sie eine so gescheite und vorsichtige Frau haben. Es ist wichtig, dass jemand da ist, der aufpasst! Sicher wären Sie lang nicht so weit gekommen, wenn Sie diese Unterstützung nicht hätten.«

Eisenhardt war ganz kurz vor dem Ziel, und er spürte es. Sein Ton wurde ruhiger, leiser. »Schauen sie: So eine Immobilie ist ein Hardfact – kein Papiertiger, kein Phantasiegebäude, sondern etwas aus Stein und Beton. Wir sorgen dafür, dass Sie das Objekt komplett vermietet übernehmen. Und – damit stecke ich persönlich mit Ihnen im verbleibenden kleinen Risiko – wir übernehmen in den ersten zwölf Monaten ohne Aufpreis sogar die Hälfte des Risikos für einen eventuellen Mietausfall. Und warum? Weil dieses Objekt so begehrt ist, so günstig liegt, eine solche Gelegenheit ist, dass wir uns um einen Mietausfall gar keine Gedanken machen müssen. Nichts, was schiefgehen könnte. Eine Immobilie, die sich über die Jahre hinweg fast von selbst finanziert. Und glauben Sie, ich hätte einen so guten Namen, wenn ich nicht eine Nase für solche Gelegenheiten hätte?«

Diese Millers erinnerten ihn an Schulz. »Es ist ja gut, wenn Sie zweifeln, Frau Miller«, wandte er sich nun wieder Frau Miller zu. »Zweifel gehören dazu, sie sind die Steine, die Alarmlampen auf unserem Weg, es ist nur wichtig, dass wir sie überwinden und unseren Weg weitergehen.« Was dieser Schulz ihm gesagt hatte, war vermutlich genau die Sprache, die diese Menschen sprachen.

Herr Miller zog den Vorvertrag ein wenig zu sich her. »Komm, Elfi, gib dir halt einmal einen Ruck.«

»Sie müssen es sich gut überlegen«, setzte Eisenhardt nach.

Er schob seinen Stuhl zurück, lehnte sich nach hinten, blätterte scheinbar nicht mehr so interessiert in einem kleinen Flyer der Bäckerei, den ihm Herr Miller anfangs gegeben hatte. Ohne aufzublicken, setzte er in aller Ruhe hinzu: »Es kann schon sein, dass ich mal wieder ein ähnliches Angebot habe, ausgeschlossen ist es ja nicht. Nur den zusätzlichen Steuervorteil für dieses Jahr holen wir dann eben nicht mehr.«

Eine halbe Stunde später stieg Eisenhardt in seinen Sportwagen. Er hatte den Notartermin noch für den 23. Dezember bekommen und einen unterschriebenen Vorvertrag für die Gebäude in der Tasche. Häuser, die eigentlich abbruchreif waren. Und die die Millers frühestens sehen würden, wenn sie ihre Unterschrift beim Notar abgegeben und sich möglicherweise damit ruiniert hatten.

Das Geschäft in diesem Jahr lief einfach gut.

Ein Meer aus Schneeflocken, die aus der Unendlichkeit zu fallen scheinen. Ein Himmel, dessen Sterne man durch die schweren Wolken nicht mehr sehen kann. Ein Wetter, das fast alles Leben aus den Straßen in die warmen Häuser gedrängt hat. Schwere Schneeflocken und ein leichter Wind, der langsam zu einem Sturm wird, aus dem es in dieser Winternacht kaum ein Entkommen gibt, wenn man nicht rechtzeitig Schutz gesucht hat.

Für diese Straßenverhältnisse war der Wagen nicht geschaffen: weder das Auto noch die Reifen. Eisenhardt fluchte laut vor sich hin. »Dreckswetter.« Immer wieder hatte man in den letzten Tagen vor diesem Wettersturz gewarnt, aber

ohne dass sich etwas dergleichen gezeigt hätte. Wie sollte man da ahnen, dass es gerade heute Abend so weit war. Mehrfach schon war das Heck des Autos ausgebrochen. Missmutig schlich Eisenhardt über die Straßen.
Als er schließlich wie gewohnt die Bundesstraße verließ und auf eine wenig befahrene Landstraße bog, konnte er kaum noch die Fahrbahn erkennen, und wenig später wäre er an einer Steigung beinahe seitlich in einen Graben gerutscht. Eisenhardt saß hinter dem Lenkrad und versuchte, das Auto, langsam anfahrend, doch noch diese leichte Steigung hinauf zu bringen. Schließlich wurde ihm klar, dass es keinen Zweck hatte und er umdrehen musste. Angestrengt versuchte er, ein Stück weit rückwärts zu fahren, aber das ohnehin sehr kleine Heckfenster war zugeschneit und in den Seitenspiegeln konnte er außer dem von den Rücklichtern rot leuchtenden Schnee kaum etwas erkennen.
Er stieg aus. Etwa zehn, höchstens fünfzehn Meter hinter ihm sah er eine Einmündung, in der er würde wenden können. Ärgerlich wischte er das Heckfenster und die Seitenspiegel frei und setzte zurück, immer noch, ohne wirklich etwas zu sehen, bis er ein knirschendes Geräusch von hinten hörte. »Meine Güte!«, entfuhr es ihm, und er stieg aus. Offenbar hatte er einen Stein gestreift, der neben der Einfahrt im Schnee steckte. »Was sind denn das für Vollidioten, die hier einen Stein aufstellen!« Er versuchte den Schaden zu begutachten, aber er konnte wenig erkennen. Ein Kratzer im Lack, vielleicht sogar eine Beule. Ein Jammer, ein wirkliches Unglück. Vermutlich würde er es vor Weihnachten nicht mehr repariert bekommen. Wütend trat er gegen den Vorderreifen des Autos, dann stieg er wieder ein und versuchte, vorwärts zu fahren, aber das Auto rutschte weg und grub sich mit den Reifen in den Schnee ein.

»So ein unglaublicher Mist!« Eisenhardt versuchte es weiter, aber das Auto bewegte sich jetzt fast gar nicht mehr. Er steckte fest, einige Ortschaften von der Bäckerei seines letzten Kunden entfernt. Nicht einmal die Hälfte der Strecke nach Hause hatte er geschafft.
Er nahm sein Telefon, um Hilfe zu rufen, aber er landete mehrfach in einer Warteschleife. »Das gibt es doch nicht. Wenn man die einmal braucht, geht niemand dran«, redete er auf sein Handy ein. Es war eigentlich kaum zu fassen, dass diese Hilfsdienste nicht eine Nummer für VIPs hatten, bei denen man gleich durchkam, wenn man anrief. Er würde das anregen, sobald er wieder in seinem Büro war, schließlich wäre das ja auch eine Geschäftsidee.
Als er endlich eine Mitarbeiterin am Apparat hatte und sein Problem schildern wollte, wurde er mehrfach unterbrochen. Eisenhardt war es nicht gewohnt, so abgefertigt zu werden. »Jetzt hören Sie mal gut zu, ich habe keine Lust, mich mit Ihnen über meine Wagenfarbe zu unterhalten, ich möchte, dass Sie mir jetzt sofort jemanden schicken.« Unruhig lief er neben seinem Auto hin und her. Die Verbindung war schlecht, immer wieder verstand ihn die Mitarbeiterin am anderen Ende kaum, aber Eisenhardt, der die Frau meistens deutlich hören konnte, glaubte, sie stelle sich nur ungeschickt an. »Wie bitte? Mehr als zwei Stunden? Sie spinnen wohl! Das ist eine Unverschämtheit, Sie geben mir jetzt gleich noch mal Ihren Namen.« Er holte tief Luft. »Eine Sauerei ist das! Vielleicht haben Sie da drinnen in ihrem Callcenter keine Vorstellung davon, dass es auch Leute gibt, die darauf angewiesen sind, rechtzeitig zu ihren Terminen zu kommen, und auch abends noch arbeiten müssen!« Er rieb sich die Schneeflocken von der Nase und zog sich die Mütze tiefer ins Gesicht. »Was? Nein, meinen Ton überlassen Sie mal mir.« Er verstand die Frau jetzt

selbst schlechter, hatte für einen Augenblick den Eindruck, die Verbindung sei abgerissen. »Was? Hallo? Hallo, hören Sie? Ja? Nein, Sie brauchen mich nicht über die Wetterverhältnisse zu belehren, was glauben Sie, warum ich hier stecken geblieben bin?« Eisenhardt glaubte, von irgendwo ein anderes Fahrzeug zu hören, aber es bog nicht ab, sondern fuhr auf der Bundesstraße weiter. »Hören Sie mal, Sie schicken mir jetzt sofort jemanden hierher, ich verpasse ansonsten einen Vertragsabschluss, der ... Nein, wissen Sie was, wenn Sie keine Lust haben, mir weiterzuhelfen, dann vergessen Sie es einfach. Mir reicht's!« Ohne sich zu verabschieden, legte er auf. Er würde im Büro anrufen, vielleicht war noch einer seiner Mitarbeiter da. Metzle, der Neue, der sich immer so leicht von ihm verunsichern ließ und alles, was man ihm auf den Tisch knallte, widerstandslos wegarbeitete, auch wenn es bis in die Abendstunden dauerte. Doch sooft er die Nummer wählte, jedes Mal war besetzt. »Dann eben Sandra. Die sitzt sowieso den ganzen Tag nur zu Hause rum.« Er rief seine Frau an. Sie könnte sein altes Auto nehmen, es hatte Allradantrieb, sicherlich wäre sie in weniger als einer halben Stunde hier. Aber auch da meldete sich niemand.

Eisenhardt tobte, allmählich gingen ihm die Ideen aus. Als ihm sein Handy bei einem weiteren Versuch, einen Bekannten zu erreichen, auch noch ins Ohr pfiff, weil der Akku fast leer war, warf er es wütend auf den Boden. Er schaltete das Licht an seinem Wagen aus. Der Schneefall hatte etwas nachgelassen, stattdessen kam ein leichter Wind auf. Nun konnte man genug erkennen, um zu Fuß von hier wegzukommen.

Eisenhardt beschloss, bis zur Abzweigung und dann das kurze Stück zum nächsten Ort über die Felder zu gehen. Diese Strecke kannte er, bei gutem Wetter sah man die

Häuser dort von der Straße aus. Er würde dort jemanden organisieren, der sich so bald wie möglich um das Auto kümmern und es in die Werkstatt fahren würde. Er selbst käme dann mit dem Taxi nach Hause.

Das Licht, das vom fast vollen Mond her durch die Wolken dringt und sich im Nichts verliert. Der Mann, der die Straße verlassen hat und einen Weg sucht, wo keiner ist. Der Schnee, der wieder heftiger fällt und diese Suche erschwert. Der Wind, dessen Böen schneidende Kälte bringen. Gerade jetzt, wo dieser Mann darauf angewiesen wäre, sein Ziel zu erreichen.
Zufälle, die nur vielleicht Zufälle sind.

Vielleicht war es ungünstig gewesen, nicht beim Auto zu bleiben. Er ärgerte sich über seine Ungeduld. Andererseits: Zwei Stunden oder länger im Auto zu sitzen, das wäre eine unglaubliche Zumutung! Es müsste ja einfach nur jemand losfahren und ihm helfen! Er würde das doch bezahlen! Geld wäre kein Problem!
Norbert Eisenhardt kniff die Augen zu. Der eisige Wind trieb ihm Tränen aus den Augen. Er hatte seinen Pulli über den Mund gezogen, Nase, Lippen und Ohren schmerzten. Immer wieder sank er ein, arbeitete gegen den Schnee. Es war ja nicht weit, höchstens fünfhundert Meter. Dass man immer noch nichts erkennen konnte, war seltsam. Er würde dieser Telefonistin noch Ärger machen – so viel war sicher. Seltsam, dass nirgendwo etwas zu sehen war. Kein einziges Licht. Im Schnee hatte er das Gefühl für die Entfernung verloren. Er war schnell an der Abzweigung gewesen, aber

dort hatte er nicht auf die Uhr geschaut und wusste jetzt nicht, wie lange es her war, dass er auf das offene Feld gekommen war. Und das Handy, oder das, was davon übrig war, lag vor dem Auto. Er zog den Ärmel ein kleines Stück nach oben, um auf seine Uhr zu sehen. Zwanzig nach neun. Der Boden unter ihm wurde weicher. Es fühlte sich an wie langes Gras. Ob es nicht doch besser gewesen wäre, die weitere Strecke entlang der Straße zu gehen?
Ein ungewohntes Gefühl. Niemand da außer ihm selbst. Nur der Wind und er, dieser Schnee und dieses Grau von allen Seiten. Seine Beine, die gegen den Schnee arbeiteten, wurden schwer. Er schwitzte am Rücken und auf der Brust, spürte die Kälte im Gesicht, an den Händen und Füßen, die nass waren vom Schnee, der in die Schuhe gedrungen war.
Nicht zu fassen, immer noch kein Licht zu sehen. Vielleicht hatten die Leute hier alle ihre Jalousien runtergelassen. Wäre bei dem Wetter ja auch kein Wunder gewesen. Immerhin wurde der Boden unter seinen Füßen jetzt wieder etwas fester. Ein Weg. Eisenhardt öffnete die zusammengekniffenen Augen und ging etwas schneller, dann erkannte er das, was da vor ihm auftauchte, als Geländer einer kleinen Brücke, die über einen Graben führte. Dass hier eine Brücke war, war ihm von der Straße aus nie aufgefallen. Ob Sandra schon auf ihn wartete? Vielleicht hätte er sie doch am Nachmittag noch zurückrufen sollen. Aber ihre ständigen Anrufe während seiner Arbeitszeit waren lästig. Eisenhardt blieb stehen und schaute auf seine Uhr. Schon Viertel vor zehn. Von der Ortschaft war immer noch nichts zu sehen. Ob er vielleicht etwas zu weit nach rechts gegangen war? Das Gefühl hatte er vorher schon einmal gehabt. Er würde jetzt weiter nach links gehen. Deutlich nach links. Die Ortschaft war nicht klein, links zu gehen war eine sichere Sache. Trotz seiner Erschöpfung lief Eisenhardt

jetzt etwas schneller, ein paarmal stolperte er fast. »Ich habe alles im Griff, ja?«, sagte er sich immer wieder. »Alles im Griff.« Es war gut, hier draußen wenigstens die eigene Stimme zu hören. War es nicht sowieso immer er selbst gewesen, der die wichtigen Dinge aus sich selbst heraus wusste? War er nicht sowieso der einzige Mensch, dem er vertrauen konnte? Der immer schon gewusst hatte, was gut für ihn war, was ihn weiterbrachte? Plötzlich sank er mit dem Bein ein, wäre fast umgeknickt. Er musste sich zwingen, wieder langsamer zu gehen. »Langsam, langsam. Das bekommen wir schon hin.« Ein Blick auf die Uhr. Kurz nach zehn. Brauchte man durch den Schnee so lange, selbst wenn man vielleicht einen kleinen Umweg gegangen war? »Endlich! Na endlich.« Vor ihm hob sich etwas aus dem Grau ab, etwas tauchte schemenhaft auf, etwas Dunkles, eine Kontur, ein dunkel gestrichenes Haus oder eine große Scheune. Der Ortsrand! Eisenhardt lächelte. »Na, Junge, ich habe es doch gewusst«, redete er mit sich selbst. Ja, es war immer noch ärgerlich, das alles. Wenn er morgen in seinem Büro wäre, würde er eine Beschwerde schreiben wegen der Sache mit dieser blöden Tussi am Telefon. Aber zumindest hatte er seinen Weg gefunden, alles richtig gemacht. »Wie immer.« Er schaute auf den Boden, dann wieder nach oben. Eine merkwürdige Scheune, ziemlich groß. Aber dann erkannte Norbert Eisenhardt etwas ganz Entsetzliches, etwas, das ihn erstarren ließ: Das, was vor ihm aufragte, waren Bäume. Er stand vor einem Waldstück. Er war die Straße, die um den Ort führte, den er zu Fuß erreichen wollte, oft genug gefahren, um zu wissen, dass es in der Nähe dieser Ortschaft keinen Wald gab. Aber wo war er dann?

Stoßweise atmete er aus, während er die Bäume gebannt anstarrte, als ob sie sich in Häuser verwandeln könnten.

Etwas, was er lange vergessen hatte, stieg in ihm auf: das Gefühl von tiefer, alles erdrückender Angst, ja Panik. Und es kam etwas hinzu, das ihm fremd geworden war: Tränen, die dieses Bild vor ihm verschwimmen ließen. Und es waren keine Tränen, die der eisige Wind ihm aus den Augen trieb.

Ein Mensch an einem Ort, der für ihn keiner ist, weil er an diesem Ort nicht weiß, wo er ist. Er nicht und niemand sonst. Nur sich selbst noch in dieser einsamen Leere spürend. Den Boden noch unter den Füßen fühlend, aber ohne eine Richtung zu erkennen, ohne einen Weg zu erahnen. Ein Mensch, der sein Ziel nicht mehr vor Augen hat, der mitten in einem Land, in dem alles sicher ist, alle Sicherheit verloren hat. Verloren in einer einsamen Kälte. Ein Mensch, den die Fülle, die er noch vor ein paar Stunden um sich wusste, verlassen hat.

Eisenhardt stand eine ganze Zeit lang regungslos da. Gedanken, die in seinem Kopf kreisten, bis ihm schwindlig war: Widersprüche, die sich in diesem Kopf aufrieben. Fragen, immer wieder neue Fragen, die in ihm auftauchten, ihn zusätzlich verunsicherten. Eine Planlosigkeit, die dem Wunsch, irgendetwas zu tun, begegnete. Das vage Gefühl, auch für das Schlimme, das ihm jetzt begegnete, verantwortlich zu sein. Dumpfe, drückende Ahnungen, die er loswerden wollte. Regungslos stand er da, ein Teil dieser Landschaft, in der nur der Wind und was er erfasste noch Bewegung brachten.
Eisenhardt entschied, zurückzugehen, seinen eigenen Spu-

ren zu folgen. Aber die waren wenige Schritte zurück schon vom Schnee verweht und kaum noch sichtbar. Er fand nicht einmal zu dieser Brücke zurück. Das Gehen fiel ihm immer schwerer. Er hielt immer wieder an. Vielleicht war es sinnvoller, wenn er seine Kräfte aufsparte. Vielleicht war es das Beste, zu versuchen, einfach wach zu bleiben, zu gehen, bis es wieder hell wurde. Nicht stehen, sondern in Bewegung zu bleiben. Ob das möglich wäre? Die Kälte hatte seine Beine erfasst, seinen ganzen Kopf und seine Schultern. Vielleicht wäre es auch besser, schneller zu laufen, um etwas Wärme zu erzeugen. Vielleicht.
Vielleicht ...?
Eisenhardt stolperte. Er dachte an Sandra, die vermutlich schon im Bett war, die sich wohl nicht viel dabei denken würde, wenn er so spät noch nicht zu Hause war, und nicht einmal sonderlich beunruhigt wäre, wenn er am frühen Morgen noch unterwegs war. Er dachte an Schulz. Steine auf dem Weg? Dieser Weg war nicht einmal einer. Wo sollte es nun bitte weitergehen? Schulz? Der würde in so einer Situation sicherlich beten, aber was brachte das Beten schon? Wenn es einem gutging, brauchte man es nicht. Und jetzt, wo es ihm schlechtging, würde es nichts ändern. Der liebe Gott würde ihm wohl kaum einen Geländewagen mit einem Förster schicken oder einen Engel, der ihn nach Hause fliegen würde. Diese ganze Beterei: ein Betteln ins Nichts, ein Placebo für die Seele. Mehr war es doch nicht, oder? Wenn man an einen Gott glaubte, ja – dann. Aber Gott? Wo war dieser Gott, der die Menschen alleinließ, wenn sie im Schnee umherirrten? Der ihnen die Hoffnung nahm, sie zu einem Wald führte, wenn sie ein Haus brauchten, auf einen Menschen hofften, der ihnen die Tür öffnete und ein Telefon hatte?
Wer hatte jemals gehört, dass in solch einer Situation Gott irgendwo auftauchte und half? Der Zufall vielleicht, ja.

Aber ein Gott, der die Menschen im Stich ließ? Es gab ihn ja sowieso nicht, keiner hatte seine Existenz je beweisen können. »Ich brauche keinen Gott«, sagte Eisenhardt.
»Ich brauche ihn nicht!«, rief er lauter.
»Verdammt, ich brauche so einen Schwachsinn nicht!«, schrie er in die Dunkelheit, die ihn umgab.
Diese Dunkelheit und diese Verlassenheit machten ihn schwach, verwirrten ihn offenbar. Er musste einen Weg finden, statt diesen verrückten Gedanken nachzugeben. Ob alle Menschen in dieser Gegend wohl schon schliefen? Vielleicht hätte er nur um Hilfe rufen müssen? Er blieb stehen. Es war jetzt kurz nach elf.
»Hallo!«, rief er. »Hallo!«
Er lauschte, aber es war nichts zu hören. »Haaaallo!« Die Hände schmerzten nicht mehr, sie kribbelten nur noch und waren kaum mehr zu spüren. Er schleppte sich weiter, sank in den Schnee ein, versuchte, seine Richtung etwas zu ändern, um nur noch tiefer im Schnee zu versinken. Er verlor das Gleichgewicht und stürzte. Vielleicht wäre es das Beste, einfach hier liegen zu bleiben. Man würde ihn irgendwann finden. Am nächsten Tag oder auch später. Norbert Eisenhardt, der mehr Geld gehabt hatte als alle, die an seinem Grab standen, zusammen. Zu Fuß im Schnee gestolpert und dann nicht mehr aufgestanden. Erfroren mit nichts außer dem, was er am Leib trug. Er hatte nur noch seine Uhr und seinen Geldbeutel, in dem ein paar Karten steckten, mit denen er sich sonst fast jeden Wunsch erfüllen konnte. Eisenhardt lachte vor sich hin. Er dachte an die Karten. Ein Witz, diese Karten. Ein Vermögen, das dahintersteckte, ein Haufen Geld, der in der Not hier draußen ebenso wertlos war wie die Schneeflocken, die unvermindert vom Himmel fielen. Eisenhardt wälzte sich im Schnee vor Lachen. Er kicherte wie ein Kind, das man kitzelte, dann gluckste er

fröhlich und begann schließlich verzweifelt zu weinen. So blieb er liegen.

»Die Karten«, flüsterte er, als ob er jemandem etwas Besonderes anvertraute. »Wie gut, dass ich die Karten bei mir habe.«
Immerhin hätte Sandra genug auf der Seite, um ihm eine angemessene Beerdigung zu bezahlen. Eisenhardt überlegte, wer wohl zu seiner Beerdigung kommen würde. Sicher wären es deutlich mehr als hundert Menschen. Was man wohl über ihn erzählen würde? »Er war ein erfolgreicher Unternehmer.« – »Er hatte mehrere Firmen. Einflussreiche Freunde.« – »Er hat es im Leben zu etwas gebracht.« Aber wenn dieses Leben nun vielleicht vorbei war? Ihm fielen die vielen Menschen ein, die er um ihr Erspartes gebracht hatte. »Ich habe nichts Illegales getan«, beruhigte er sich. »Es war alles rechtens. Jeder muss selbst wissen, was er unterschreibt. Und jeder ist sich selbst der Nächste.« Er hatte noch Gesichter vor sich. Menschen, die ihm Fragen stellten. Die ihn vorwurfsvoll oder schweigend musterten. Ja, es gab sicherlich welche, die ihn hassen würden, vermutlich noch über seinen Tod hinaus.
Langsam erhob er seinen Oberkörper, stützte sich ab.
»Und jetzt?«, fragte er, als er endlich wieder stand. »Was jetzt?« Langsam begann er wieder zu gehen. Es war ihm jetzt egal, in welche Richtung er ging. Er setzte einfach nur einen Fuß vor den anderen.
»Es kann so nicht mehr weitergehen«, sagte er, ohne genau zu wissen, ob er damit nun seinen Weg meinte oder sein Leben. Wieder Bäume, die vor ihm auftauchten. Waren es dieselben, vor denen er schon einmal gestanden hatte? Eine schneebedeckte Schranke steckte in der Landschaft und trennte die eine Hälfte des Nichts von der anderen.

Und wenn er doch beten würde? Um ein Zeichen bitten? Er, Eisenhardt? Würde er jetzt einknicken? Nachgeben vor diesem Ereignis? »Man kann jeden irgendwo erwischen. Jeden. Anschauen, analysieren, den wunden Punkt finden und dann Heilung in Aussicht stellen«, hörte er die Stimme seines Trainers. Dann war er es also, den es jetzt »erwischt« hatte?

Ein Gedanke, der ihn zum Lächeln brachte: Es schien alles irgendwie zurückzukommen. »Man kann allem entkommen, aber sich selbst nimmt man auch mit, wenn man flieht«, dachte er. Dann begann er leise zu reden: »Wenn es da etwas gibt …« Es war ihm unangenehm, sich so zu hören.

»Ach was!« Er versuchte, noch einmal das Zifferblatt seiner Uhr zu erkennen. Es ging auf eins zu.

Er merkte, dass er mit seiner Kraft am Ende war. Er hatte das Gefühl, sich noch ein paar Minuten auf den Beinen halten zu können, oder auch eine Viertelstunde, möglicherweise etwas länger, aber sicher nicht bis zum Morgen. Er blieb stehen. Eigentlich war es doch egal. Warum nicht beten? Es würde doch keiner etwas davon erfahren. Es würde vermutlich nichts bringen, aber er hatte keinen anderen Plan mehr. Und es könnte wohl auch nicht schaden.

»Wenn es da etwas gibt, dann …«, begann er wieder.

»Herrgott, warum hilft mir denn keiner?«

Er blieb stehen.

»Dann gib mir doch ein Zeichen!«

Bei dem Gedanken daran erschrak Eisenhardt. Und dann? Wenn nun wirklich ein Zeichen käme? Wie würde er darauf reagieren? Müsste er dann etwas in seinem Leben ändern? Auf dieses Leben, das er bisher geführt hatte, verzichten? Womit müsste er bezahlen, wenn er hier noch einmal rauskäme?

Wieder blieb er stehen, blickte nach oben. »Was kostet mich das?«, fragte er.
Sein Ton hatte etwas Herausforderndes: »Na, was kostet mich dieser Spaß?«
Aber dann hatte Eisenhardt wieder all diese Gesichter vor Augen. Die Blicke der Menschen, die er sich ausgesucht hatte, weil er gewusst hatte, dass er ihnen überlegen war. Denen er das Geld abgenommen hatte, indem er sie mit seinen Redekünsten zu Geschäften gebracht hatte. Geschäften, die nur ihm selbst zum Vorteil gereicht hatten, während sie dabei ihre Altersrücklagen verloren hatten oder gar ihre Existenz.
Und er wusste, dass er die Antwort auf seine Frage schon längst vor dieser Nacht gekannt hatte.

In dieser Winternacht, die sich dem Ende zuneigt, schlafen die meisten Menschen noch fest. Hier oder da sieht man hinter den ersten Fenstern wieder Licht. Nur im Haus des Bäckers ist schon wieder Leben.

Eisenhardt hatte jegliches Gefühl für Raum und Zeit verloren, als er diese Helligkeit wahrnahm. Er hatte eine Helligkeit wahrgenommen, ein Licht gesehen, ein Licht, das vielleicht nah vor ihm lag, vielleicht auch weit weg. Egal. Er beschloss, darauf zuzugehen.
Es war, als würden seine Füße ihn bewegen und nicht er sich mit ihnen. Manchmal fiel ihm etwas von früher ein, manchmal lächelte er, ohne es selbst zu bemerken. Dieses Licht, einmal schien es weit weg von ihm zu sein, ein an-

dermal ganz nah vor ihm. War es ein paar Minuten her, dass er diese Helligkeit wahrgenommen hatte, oder ein paar Stunden? War es überhaupt ein Licht oder nur eine Illusion? So eine Illusion wie sein Gebet? Wurde es heller, oder blieb es, wie es war, und führte ihn einfach immer nur weiter?

Er sah nicht einmal mehr, dass dieses Licht doch heller wurde, bis er fast in die geschmückte Tanne hineinlief, die der Bäcker auf der Straße vor seiner Backstube aufgestellt hatte. Erstaunt blickte er auf die Lichterkette vor sich. Etwas seitlich davon konnte er in den Hof sehen. Er musste nur noch dorthin und klingeln, nur noch ein paar Schritte. Die Bäckerei? Lag die nicht eigentlich viel zu weit entfernt von der Stelle, an der er sein Auto verlassen hatte? Er wusste es nicht genau. Er hörte das Geräusch eines Autos, aber er war sich nicht sicher, ob er noch die Kraft haben würde, sich danach umzudrehen. Das Auto musste ganz nah hinter ihm sein. Dann wurde es mit einem Mal dunkel, etwas sehr Schweres fiel Eisenhardt auf den Kopf, und er hörte nur noch diesen Ton. Einen eigenen Ton, Eisenhardt hatte so etwas noch nie gehört. Und aus diesem Ton heraus eine Frau, die laut schrie. Schrie diese Frau, oder war es ein ferner Gesang? Ein Mann, der »O Gott« sagte und dann: »Schnell, hol Uwe und den Gesellen, wir müssen ihn reinbringen, er lebt noch!« – »Meinen Sie mich?«, wollte er antworten, aber es ging nicht. Natürlich lebte er noch. Nur müsste jemand das Licht wieder einschalten, denn es war immer noch dunkel. Und dann entfernten sich auch die Stimmen, und er hörte nur noch von überall her diesen Ton. Er kam jetzt nicht mehr aus dem Dunkel um ihn herum, sondern aus einem Licht.

Als Eisenhardt wieder aufwachte, lag er auf einer Couch. Es war hell in diesem Zimmer, sehr hell. Auf dem Stuhl saß ein Mann, den er vorher nie gesehen hatte. Er füllte ein Formular aus und telefonierte nebenher. Es war ein Mann in seinem Alter. Auf einem kleinen Tisch lag ein Stethoskop. Hinter diesem Mann, den er nicht kannte, stand Herr Miller. »Der Krankenwagen wird noch etwas brauchen, aber in einer Stunde ist er da«, sagte der Mann, der das Formular ausgefüllt hatte. »Eigentlich ginge es auch so. Er hat nicht einmal allzu viel abbekommen, so wie es aussieht. Ein Wunder, nach dem, was er mitgemacht haben muss. Aber vorsichtshalber sollen die ihn in der Klinik durchchecken.« Eisenhardt versuchte die Finger zu bewegen. Die Fingerkuppen schmerzten ein wenig, und auch in den Zehen zog es etwas, und dort, wo die Schuhe in der Nacht an seinem Unterschenkel gerieben hatten, brannte es. Sein Handrücken der rechten Hand fühlte sich seltsam an. Ob er wohl genug Kraft haben würde, die Hand unter der Decke herauszuziehen und nachzusehen? Aber das hatte ja Zeit. Alles hatte Zeit. Er bemerkte, dass unter der Bettdecke ein Schlauch herauskam und über ihm eine Infusionsflasche hing. Durch eine Tür hindurch sah er in das Zimmer, in dem er gestern Abend noch den Vertrag unterschreiben ließ. An der Wand ihm gegenüber hing auch in diesem Raum ein Kruzifix.
Eisenhardt lächelte. »Ach, bist du auch schon wieder da.«
Jetzt sah ihn der Arzt an, und auch Miller schaute erstaunt in sein Gesicht.
»Wie bitte?«, sagte der Arzt. Eisenhardt starrte das Kruzifix an, und die beiden Männer folgten seinem Blick.
Eisenhardt ergänzte: »Sie kennen doch diese Fabel mit dem Hasen und dem Igel?«
»Wie meinen Sie das?«, hakte der Arzt nach.

»Ach.« Eisenhardt fand es unpassend, seine Gedanken mit diesem Arzt zu teilen. »Nichts.«
»Sie wissen, dass Sie heute Nacht ganz schön was unterwegs waren?« Der Arzt schaute ihm in die Augen. »Etwa sechzehn Kilometer. Bei diesem Unwetter. Fast nicht zu glauben. Sie müssen kerngesund sein, um so etwas zu überstehen.« Dann gab er ihm die Hand und stellte sich vor. »Weißkirchen. Ich bin der Arzt hier im Dorf.«
»Man hat Ihr Auto gefunden, Sie sind wohl von dort aus gelaufen«, ergänzte Miller. »Warum sind Sie überhaupt hierher zurückgekommen?«, wollte Dr. Weißkirchen wissen.
Eisenhardt zuckte. »Wenn ich das wüsste, Herr Doktor.«
Ein Zufall? Der Arzt schüttelte den Kopf.
Dann sah er noch einmal auf sein Protokoll. »Mit dem Zucker hatten Sie nie Probleme, oder?«
Eisenhardt schüttelte den Kopf. »Nein.«
»Ja, gut, der war ziemlich unten, aber kein Wunder, Sie dürften ordentlich was verbraucht haben, wenn Sie wirklich die ganze Nacht unterwegs waren und diese Strecke zu Fuß gelaufen sind.«
Eisenhardt antwortete nicht. Der Arzt schien auf etwas zu warten. »Sind Sie doch, oder nicht?«
»Wie? Ja, doch, bin ich.«
»Wir haben einen Krankentransportwagen für Sie bestellt. Sie sollten mal einen Tag lang in der Klinik bleiben. Lassen Sie sich durchchecken.«
»Ja.«
»Und – wo Sie schon wach sind, haben Sie vielleicht Ihre Krankenversichertenkarte bei sich?«
»Privat.«
Eisenhardt sah, wie Frau Miller in den Raum kam. »Es geht ihm schon wieder einigermaßen gut«, hörte er ihren Mann sagen, und als ob man ihn angesprochen hätte, nickte er.

»So«, der Arzt packte seine Sachen in eine Tasche, die auf dem Boden stand. »Ich muss dann mal wieder. In meiner Praxis warten schon Patienten. Alles Gute, Herr Eisenhardt.«
»Ja.« Eisenhardt hatte das Gefühl, noch nicht ganz wieder in diesem Raum und diesem Körper zu sein.
»Danke. Danke, Herr Doktor«, fiel es ihm ein, er rief es dem Arzt noch hinterher, aber da war er schon hinausgegangen, und man hörte die Haustür zufallen.
»Wir haben Ihr Büro angerufen, und dort habe ich mir die Telefonnummer Ihrer Frau geben lassen und sie informiert, dass Sie bei uns sind«, sagte Frau Miller.
»Kann ich sie sprechen?«
»Ich denke nicht, Sie ist wohl schon auf dem Weg hierher.« Frau Miller war einen Schritt näher getreten. »Ich glaube, Ihre Frau ist sehr nett«, sagte sie etwas leiser.
Eisenhardt nickte. Er merkte, dass eine Anspannung sein Gesicht durchlief. »Dieser Vertrag …«, begann er.
»Ja, vielen Dank noch einmal.« Herr Miller lächelte.
Eisenhardt schüttelte den Kopf. »Bitte bringen Sie ihn mir noch einmal.«
Herr Miller schaute ihn erstaunt an, aber dann verschwand er im Zimmer nebenan. Kurz darauf kam er wieder.
»Was ist damit?«
Statt einer Antwort nahm Eisenhardt den Vertrag und riss ihn mit zitternden Händen auseinander.
»Betrug«, sagte er.
Er traute sich nicht, nach oben zu sehen, aber aus dem Augenwinkel heraus bemerkte er deutlich, dass die beiden Millers ihn erschrocken ansahen.
»Alles Betrug! Ja«, wiederholte er. Es war schlimm, wie sie, die ihn wohl in der Nacht in ihr Haus gezerrt hatten, ihn nun ansahen.

»Ich werde mich darum kümmern, dass Sie Ihr Geld richtig angelegt bekommen, wenn Sie das noch wollen. Ich weiß nicht, wie, aber ich werde es in Ordnung bringen.«
Er würde nicht alles einfach wieder in Ordnung bringen können. Aber er wusste jetzt, dass Schulz recht gehabt hatte, es war ein sicheres Gefühl in ihm. Trotz all dieser Steine, die er wohl zum Teil selbst dorthin gelegt hatte, gab es einen Weg.

Eis im Winter

Graue Kälte. Tage, an denen der Wind auf der Haut beißt. Immer wieder schneit es kleine Flocken. Dass dieses Wetter die meisten Menschen von den Straßen in die Häuser getrieben hat, verstärkt den Eindruck der farblosen Trostlosigkeit. Es wird schon wieder dunkel, ehe es richtig hell geworden ist: ein deutscher Wintertag, an dem selbst das Neonlicht, das aus den Billigsupermärkten fällt, noch Wärme zu spenden scheint. Überhaupt ist wohl nur dort Wärme zu finden, wo ein Licht brennt.
Hin und wieder geht doch noch jemand durch die Wilhelmstraße. Leute, die sich grüßen, wenn sie sich begegnen. Erstaunlich, dass sie sich erkennen, obwohl sie nicht viel mehr voneinander sehen als einen Mantel oder einen Hut, ein paar Schuhe und einen Schal, dazwischen ein Augenpaar und einen kleinen Fleck frostgerötete Haut.
Noch ein Tag, dann ist Weihnachten.

In diese leere Wohnung zurückzukehren war merkwürdig. Das erste Mal, dass Isabell für ein paar Tage hierherkam, den kleinen Koffer in der Hand. Niemand da, der sie erwartete. Niemand, der ihr die Tür öffnete. Nicht nur unterwegs war es kalt gewesen, auch in der Wohnung fror sie. Die Wohnung: sie war ja jetzt unbewohnt, und im Winter wurde gerade so viel geheizt, dass die Einrichtung keinen Schaden nahm.

Isabell ging durch alle Zimmer und drehte die Thermostate hoch. Sie füllte den Wasserkocher für eine Tasse Tee. Dann ging sie ins Arbeitszimmer und stellte sich ans Fenster, ohne wirklich hinauszusehen, und rieb sich die Hände, während sie auf das laute Rauschen des kochenden Wassers wartete.

Auch in der leeren Wohnung noch immer dieser Duft, wie früher. Ein wenig nach altem Holz, ein wenig nach Büchern. Ein wenig nach einem Gewürz oder Tee und auch etwas nach Bohnerwachs.

Langsam drehte sich Isabell um, ihr Blick wanderte durch das kleine Zimmer, in dem Mutter ihre Schreibarbeiten erledigt hatte, solange sie noch konnte. Ein Regal voller Bücher. Auf dem Schreibtisch, ganz an der Seite, eine alte Schuhschachtel aus leicht gelblichem Karton mit einer Raute aus kleinen Löchern. Darin hatte ihre Mutter immer Postkarten und Fotos gesammelt, die in keinem Album mehr Platz gefunden hatten. Ihr Füllfederhalter, neben ein paar Bleistiften in einer rundlichen Vertiefung in einem flachen Marmorquader. Ein Schreibblock, auf dem ein paar Dinge notiert waren, die sie nicht vergessen wollte, gerade untereinander aufgelistet, nicht einmal das halbe Blatt war vollgeschrieben. Der Schreibtischstuhl, der noch davorstand. Alles sah aus, als müsse ihre Mutter gleich hereinkommen und noch ein paar Punkte auf dem Blatt ergänzen. Daneben, an einen alten Holzstuhl gelehnt, ein Gehstock mit einem geschwungenen Knauf. Ein schwarzweißes Bild ihres Vaters an der Wand. Ihre Mutter hatte es nach dessen Tod vor mehr als zwanzig Jahren aufgehängt. Lebendig und fröhlich schaute er den Betrachter aus dem Rahmen heraus an: eines der letzten Bilder von ihm. Und jetzt war sie, die das Bild aufgehängt hatte, selbst fort, im Nirgendwo oder überall.

Wie unverändert doch alles noch immer war – und zugleich völlig anders, ungewohnt.
Es war noch nicht lange her, dass Isabell beschlossen hatte, über Weihnachten hierherzukommen, auch wenn sie allein sein würde. Bis vor drei Wochen hatte sie immer gedacht, sie würde die Festtage mit ihrer Freundin Valerie verbringen, aber die hatte ja nun Chris.
»Du kannst natürlich trotzdem kommen«, hatte Valerie gesagt, aber Isabell hatte ihr von sich aus abgesagt. Sie war sich irgendwie plötzlich vorgekommen wie das fünfte Rad am Wagen. Und Valerie hatte nicht mehr nachgehakt.
»Wir können ja vielleicht an Silvester noch etwas zusammen machen.« Aber dann hatte Chris plötzlich Karten für einen Silvesterball: für sich und Valerie. Chris – der passte gar nicht zu Valerie, fand Isabell. Sie erinnerte sich, dass es ihr schwergefallen war, es Valerie nicht zu sagen und diesen Eindruck für sich zu behalten: Gerade, wenn es wichtig ist, ist es oft schwer, zu schweigen.
Immer noch stand Isabell am Fenster, zog jetzt den Vorhang ein wenig zur Seite und sah gedankenverloren auf die Straße. Und erst als sie bemerkte, dass Herr Gruber, der unten am Gartentor stand, in ihre Richtung schaute, trat sie ein paar Schritte zurück und ging in die Küche. Längst hatte der Wasserkocher sich abgeschaltet und das zischende Wasser sich wieder beruhigt. Sie nahm einen Teebeutel aus einer Schublade und sah zu, wie das dampfende Wasser beim Eingießen den Teebeutel in der Tasse hin und her tanzen ließ.
Die elektrische, leise tickende Uhr in diesem Raum. Der Abreißkalender, der immer noch den 19. August zeigte. Ihre Blicke blieben daran haften. Auch sie würde den Kalender jetzt nicht anfassen; sie würde ihn so hängen lassen.
»Man kann spüren, wie die Wärme durch den Körper bis in

die Zehenspitzen dringt, wenn man eine Tasse heißen Tee trinkt«, hatte ihre Mutter einmal gesagt, hier, in dieser Küche, an Weihnachten, vor zwei oder drei Jahren. Vorsichtig trank sie kleine Schlucke des noch heißen Tees und versuchte, bewusst zu spüren, wie ihr langsam wärmer wurde, sie dachte zurück: An einem kalten Tag wie diesem waren sie von Roberto zurückgekommen, dessen Restaurant nur zwei Straßen von hier entfernt lag. Es kam ihr vor, als ob es gerade eben gewesen sei. Sie erinnerte sich, wie sie auch letztes Jahr am zweiten Weihnachtsfeiertag mit ihrer Mutter dort zum Essen gewesen war, wie sie beide eine Pizza mit gegrilltem Gemüse bestellt und wie sie über den Kellner gelacht hatten, der sie mit theatralisch übertriebenen Gesten bedient hatte.

Eine Erinnerung aus einer unendlich entfernten Nähe.

Schon damals hatte Mutters Krankheit wie eine Wand aus dunklen Wolken über allem gestanden. Und doch hatte Isabell nicht damit gerechnet, dass es so schnell gehen würde. Oder sie hatte es einfach nur nicht wahrhaben wollen: Mutter hatte doch so viele Jahre mit diesem kranken Herzen gelebt, ohne dass man ihr viel angemerkt hatte.

Dann an einem Sommertag dieser Anruf, die Stimme eines ihr unbekannten Arztes: »Es ist nicht so schlimm, wir nehmen Ihre Mutter nur vorsichtshalber mit, um alles abzuklären.« Trotz dieser beruhigenden Worte ein schlimmes Gefühl: alles stehen- und liegenlassen, sich auf den Weg machen und doch zu spät kommen. Sie erinnerte sich daran, wie sie in die Klinik gefahren war. Ein Gewitter, strömender Regen. Durchnässt war sie an diesem Spätsommertag zur Pforte gelaufen, dann in das Zimmer. Ein Gesicht, das tatsächlich ein wenig aussah wie ihre Mutter. Mit einem Ausdruck tiefer Stille. Zugleich gütig, lächelnd, auch erhaben.

Wie damals überlegte Isabell auch nun wieder, wo ihre Mutter wohl sei, ob diese Frage nach dem »Wo«, die Frage nach einem Ort auf der anderen Seite überhaupt eine Rolle spielte.
Sie dachte daran, dass auch Elmar gekommen war. Dass er versucht hatte, sie zu trösten, ihre Trauer teilte und sich um sie kümmerte. Aber schattengleich waren diese Tage im späten August an ihr vorübergegangen. Sie konnte sich an alles erinnern, aber nicht so, als hätte sie es erlebt, sondern als wäre das alles wie in einem Film vorübergezogen, der von einem Projektor mit schwacher Lampe an eine Wand in der Unendlichkeit projiziert wurde.
Irgendwann würde sie diese Wohnung wohl einmal auflösen müssen, aber es war gut, dass das Haus ihrer Mutter gehört hatte, so dass es damit keine Eile hatte. Sie wollte alles noch ein wenig bewahren, wie es war.
Sie konnte sich an keinen Moment erinnern, an dem sie sich hier nicht zu Hause gefühlt hatte. Alles hier war einfach, aber schön. Es hatte etwas Stimmiges, Rechtschaffenes und Ehrliches, wie das Haus eingerichtet war. Ihre Eltern hatten einiges im Leben erreicht: offenbar so viel, dass sie es nicht nötig gehabt hatten, mehr sein zu wollen, als sie waren. Isabells Blick streifte die Bilder an der Wand, auch das Foto von Elmar, auf dem er an ihrer Seite zu sehen war. Ihr Blick fiel auf das Bücherregal, in dem Bücher standen, die auch er gelesen, über die er sich mit ihrer Mutter unterhalten hatte. Isabells Blick konnte mit einem Mal nirgendwo mehr ruhen, wollte kein Ziel finden außer einer heimlichen Flucht. Ihre Mutter hatte nie etwas bewertet, hatte nie Klage gegen irgendjemanden geführt. Sie hatte allenfalls einmal gefragt, warum dies und jenes so und nicht anders gelaufen war. Und sie hatte nie mit Elmar gebrochen, hatte bis zum Schluss immer wieder mit ihm telefoniert. Für andere wäre

das möglicherweise schwierig gewesen, aber nicht für ihre Mutter.

Isabell stellte die fast leere Tasse auf den Tisch. Sie beschloss, nach diesem langen Tag nun endlich zu Bett zu gehen.

Seit fast zwei Stunden ist es schon wieder dunkel. Über der Stadt liegt eine festliche Stille, in die hinein Kirchenglocken ihre Botschaft senden. Sie verkünden das Ende des Gottesdienstes, weit über der großen Kirchentür, die sich jetzt öffnet. Menschen strömen aus der Kirche. Einige gehen eilig nach Hause, andere bleiben noch stehen und schütteln sich die Hände. Unter ihnen eine Frau in einem roten Mantel, freundlich lächelnd, ein wenig verlegen, ein paar Tränen in den Augen.

Wenig später geht die Frau mit dem roten Mantel allein in Richtung Wilhelmstraße.

Isabell fand es bemerkenswert, wie viele Menschen sie hier noch erkannten und begrüßten. Menschen, die ihr die Hand schüttelten, ihr frohe Weihnachten wünschten. Manche, die es dabei beließen, andere, die sie fragten, wie es ihr denn nun gehe. Menschen, an deren Namen sie sich noch erinnerte. Andere, bei denen sie sich nicht mehr sicher war, woher sie sie kannte. Einige, die sie auf ihre Mutter ansprachen. Zum Schluss, als sie fast allein auf dem Platz stand, kam eine Schulfreundin von früher auf sie zu und fragte nach Elmar, wollte wissen, wo er denn nun lebe und ob sie noch Kontakt habe.

Wo Elmar war? Sie wusste es nicht. Vielleicht in Frankfurt,

wo er arbeitete. Oder bei seinen Eltern bei Ulm? Sie hatte schon vorher in der Kirche immer wieder an ihn gedacht. Aber es ging sie ja auch nichts mehr an. Es war seine Sache. Elmar – das war einmal. Eigentlich konnte sie gut mit dem Thema umgehen. Merkwürdig, dass er ihr gerade heute immer wieder in den Sinn kam. Lag es einfach daran, dass heute Weihnachten war und sie es allein verbringen würde? Sie hatte sich doch auf die Stille und Ruhe gefreut, darauf, dass sie mit sich allein sein würde. Aber etwas seltsam war es nun doch: diese leere Wohnung, die auf sie wartete. Keine Mutter, kein Elmar, nur sie allein.

Ihre Schritte wurden langsamer.

Ja, wo bist du eigentlich, Elmar?

Sie blieb stehen. Sie strich mit dem Handschuh über einen schneebedeckten Torpfosten, etwas Schnee fiel herunter, funkelnde Schneekristalle wirbelten in der Luft. Sie blickte versonnen in ein Fenster, wo sie hin und wieder die Umrisse eines Mannes und einer Frau erkennen konnte. Ob sie vielleicht bei der letzten Begegnung mit ihm wieder einmal zu kühl gewesen war? Zu abweisend? Aber wie soll man mit etwas umgehen, das man loswerden muss? Hinter sich lassen, nicht weil es einem so gefällt, sondern weil es eben nicht anders möglich ist? Ist es nicht besser, Klarheit zu schaffen? Eine Grenze zu ziehen, eine Linie zu haben in allem, was man tut? War es denn ihre Schuld, dass alles so gekommen war?

Fragen, die sie gern losgeworden wäre. Sie hatte nichts falsch gemacht. Sie wäre vielleicht sogar bereit gewesen, ihm seinen Fehltritt zu verzeihen, wenn er ihr nur wenigstens eine Antwort auf ihre Fragen gegeben hätte. Aber Elmar hatte nur geschwiegen. Er hatte nichts geleugnet, aber auch nichts weiter dazu gesagt. Er hatte um Verzeihung gebeten, aber ihr keinen Grund für das alles genannt.

Und so hatte sie beschlossen, sich klar zu verhalten. Das zu tun, was sie tun musste.
Es war nicht ihre Schuld.
Isabell bemerkte, dass sie wohl schon ein paar Minuten hier stand. Dass ihre Hand sich an den Torpfosten klammerte. Wie gern hätte sie sich irgendwo angelehnt in diesem Leben.
Langsam ging sie weiter. Eine leere Wohnung ist kein Ziel. Ein Mann schaute ihr hinterher, von ihr unbemerkt. Immer wieder blieb sie fast stehen.
Und diese Wohnung? Wie leer war sie wirklich? Letzte Nacht hatte sie trotz allem das Gefühl gehabt, behütet zu schlafen. Ein wohliges, wärmendes Gefühl. War sie wirklich allein? Sie hatte sich am Morgen erst daran gewöhnen müssen, dass doch niemand da war. Und dann hatte sie sich nicht nur an vieles erinnert, worüber sie früher mit ihrer Mutter gesprochen hatte. Sie hatte sich auch immer wieder dabei ertappt, dass sie mit ihrer Mutter geredet hatte, sich unterhalten hatte, als ob sie hier bei ihr wäre. Seltsam. Immer wieder das Gefühl, als ob sie eine Antwort erhielte, als ob die Stimme ihrer Mutter irgendwo aus einem inneren Raum zu ihr dringen würde.
Stimmen, die man hört: So etwas erzählt man lieber niemandem, wer versteht so etwas schon.
Das Geräusch der Haustür, das Knarren des Treppenhauses. Herr Gruber, der ihr entgegenkam, einer der Mieter. »Frohe Weihnachten, Herr Gruber!« – »Frohe Weihnachten!« Der war auch allein. Hatte die große Wohnung im zweiten Stock, die sich über die ganze Etage erstreckte, die Wohnung, in der früher Isabells ganze Familie gewohnt hatte, ehe ihre Mutter ein Stockwerk tiefer zog.
»Mir reicht eine der beiden kleineren Wohnungen im ersten Stock. Ich möchte auch nicht mehr so viel putzen.

Außerdem bringt die große Wohnung oben mehr Geld und bietet Raum für eine ganze Familie«, hatte ihre Mutter damals gesagt. Isabell hatte sich gegen diese Veränderung gewehrt, aber Mutter hatte sich nicht umstimmen lassen. Und nun lebte er dort eben allein ... Seine Frau und seine Kinder waren ausgezogen. Man wusste nicht, warum. Es war ja auch seine Sache. Die ganze Zeit über war Isabell mit ihren Gedanken mehr in der Vergangenheit als in der Gegenwart.

»Ich muss wieder nach vorn schauen«, murmelte sie, als sie die Wohnungstür aufschloss.

Immerhin, es war jetzt wieder angenehm warm hier. Und es duftete nach Essen.

Der selbst bereitete, festlich gedeckte Tisch wartete auf sie. Sie schob den Auflauf noch für ein paar Minuten in den Ofen, zündete die Kerze an, ging ins Wohnzimmer und suchte nach der CD mit den Weihnachtsliedern. Im Regal war sie nicht zu finden. »Schau doch noch einmal weiter unten, da, wo die Opern stehen, ja, da, weiter rechts, Isabell.« Eine Intuition, die Mutters Stimme trug. Merkwürdig: Immer hatte man das Gefühl, als sei sie noch irgendwie da. Ja – tatsächlich, da unten war sie, die CD.

Ihr Blick ging zur großen Uhr. Zwanzig vor acht. Neben der Uhr die Familienbilder. Und immer wieder Elmar. Vielleicht war diese Wohnung doch der falsche Ort, um die Vergangenheit loszuwerden. Sie würde das Bild einfach abnehmen, dieses Foto von Elmar, auf dem er so nett lächelte, sie aus dem messingfarbenen Rahmen heraus so unmittelbar anblickte. Es war Mutters Wohnung, ja – aber jetzt war sie, Isabell, hier. Sie würde es dann bei ihrer Abreise einfach wieder dort hinhängen. Zielstrebig legte sie die CD kurz zur Seite und quetschte sich an dem großen Ohrensessel vorbei, um das Foto zu erreichen.

»Warum tust du das? Warum ist das nötig? Wozu ist es gut?« Wieder so ein Gedanke mit Mutters Stimme. So hatte Mutter, die nie schimpfte oder wertete, manchmal gefragt, als sie noch lebte. »Warum tust du das? Wozu ist es gut?« Nur eine Frage, die Mutter manchmal gestellt hatte, aber immer hatte sich Isabell ertappt gefühlt, wenn diese Frage kam. Immer war es etwas gewesen, das sie eben nicht erklären konnte oder wollte. Das Glas des Bilderrahmens spiegelte das Licht, das aus der Küche durch die Wohnzimmertür fiel. Warum tue ich das? Warum ertrage ich das Bild nicht? Es gehört zu meiner Vergangenheit. Warum muss ich das loswerden? Es ist nur eine Erinnerung, dachte Isabell. Eine Erinnerung, die nichts mehr bedeutet. Sie war sich nicht mehr sicher, ob es eine Lösung war, das Bild einfach umgedreht ins Regal zu legen. Ihre Hand berührte den Rahmen, unerwartet drehte er sich ein wenig von der Wand weg, das Bild löste sich vom Haken und fiel herunter.

Ein Geräusch, das Isabell aufschrecken ließ.

Sie starrte auf die Rückseite des Rahmens. Es dauerte einen Moment, ehe sie wagte, das Bild wieder aufzuheben. Ein Sprung lief durch das Glas. »Entschuldige … Entschuldige bitte. Ich werde es ersetzen.« Isabell schaute sich um. Es war doch niemand da. Mit zitternder Hand legte sie das Bild vorsichtig auf den Tisch.

»Das habe ich nicht gewollt. Ich werde es wieder in Ordnung bringen. Entschuldige.« Isabell fühlte sich mit einem Mal schlecht. Ihr war die Lust auf das Essen vergangen. Sie hatte ihre Mutter vor Augen, ein wortloses, zustimmendes Nicken, gütig, und doch war es ihr unangenehm. Einen Moment lang stand sie da und betrachtete den Sprung, der über das Bild lief, dann den Ohrensessel, in dem ihre Mutter immer gesessen hatte.

Sie erinnerte sich an das einzige Mal, dass ihre Mutter zor-

nig geworden war. Sie hatte dort in diesem Sessel gesessen. Isabell hatte vor ihr gestanden, war zu angespannt gewesen, um sich zu setzen, hatte ihrer Mutter erzählt, was zu erzählen war. Dann war sie unruhig hin und her gelaufen, als ihre Mutter nichts sagte. »Und deshalb habe ich mich letzte Woche von Elmar getrennt«, hatte sie schließlich gesagt.
»So«, hatte ihre Mutter, die bis dahin geschwiegen hatte, gesagt. »Nun, wenn du dir sicher bist, dass das die beste Möglichkeit ist. Wenn es nicht anders geht und du meinst, dass du es tun musst.«
Dieser mächtige Ohrensessel. Isabell hatte sich halb von ihrer Mutter weggedreht und ihr keine Antwort gegeben, sie hatte geschwiegen. Dann aber doch etwas gesagt, um diese beklemmende Stille zu durchbrechen. »Du hast keine Ahnung, wie ich mich fühle, Mutter. Wie ich leide.«
»Keine Ahnung?« Ihre Mutter hatte sich erregt nach vorn gebeugt. »Keine Ahnung? Wovon? Vom Leid? Vom Leben? Von Fehlern und Vergebung? Keine Ahnung? Isabell?«
Dieser Ton.
Isabell hatte sofort gewusst, dass sie etwas Falsches gesagt hatte. Ungewohnt, die zornige Stimme ihrer Mutter: »Ach, du meinst, weil unsere Nöte und unser Leid in der Vergangenheit liegen, darum sei es geringer gewesen als deines jetzt? Isabell, ich sage dir: Dass es uns irgendwann wieder gutging, dass wir wieder lachen konnten, das ist uns nicht geschenkt worden. Die Saat der Weisheit wächst auf einem steinigen Boden. Was wir mitgemacht haben, davon habt ihr keine Vorstellung. Wir werden es einmal mit ins Grab nehmen, und unsere Schuld wird einen harten Richter in uns selbst finden. Was glaubst du, was das für eine Zeit war, in der wir jung waren? Wie du dich fühlst, wenn deine Seele schreien will vor Ungerechtigkeit, aber dein Mund

schweigen muss, damit du überlebst und deiner eigenen Familie nicht schadest? Wenn deine Arme zugleich vor Wut und Angst zittern, und am Ende des Tages weißt du, dass du versagt hast? Dass du so oder so versagt hättest, weil du kein ›Richtig‹ oder ›Falsch‹ mehr erkennst? Wenn du dich vom Spiegel abwendest, um nicht dein eigenes Gesicht ertragen zu müssen? Isabell, ich verstehe etwas von Vergebung und von der Sehnsucht danach, glaub mir. Tu, was du denkst. Tu alles, wie du es meinst, aber sei vorsichtig, denn Unbarmherzigkeit richtet sich am Ende oft selbst.«

Ihre Mutter war so gegenwärtig, so spürbar. Isabell vergaß, dass sie eigentlich Weihnachtslieder hören wollte. Sie ging zurück in die Küche, holte die gläserne Auflaufform aus dem Ofen und begann zu essen, aber sie spürte keinen Hunger mehr.

Sie wollte doch nur ihre Ruhe haben. Sie war hierhergekommen, um zu sich zu finden, zu einer inneren Stille. Stattdessen wühlten ihre Erinnerungen sie auf. Von überall her drangen Gedanken in diese Stille. Ihre eigenen Gedanken oder vielleicht wirklich die ihrer Mutter. Ein Widerhall von Erinnerungen, die sie doch nur loswerden wollte. Vergebung? Sie hatte Elmar längst vergeben. Sie ließ die Gabel sinken. »Ich mache ihm keine Vorwürfe mehr. Ich will es nur loslassen können, ohne dass es mich so aufwühlt«, sagte sie leise vor sich hin. Aber sie konnte die Stimme ihrer Mutter mit einem Mal nicht mehr hören, fühlte sich noch einsamer als zuvor. Sie hatte fast nichts gegessen, schob den Teller von sich.

»Mutter, ich habe doch längst verziehen«, sagte sie nun. Sie stützte ihr Gesicht in die Hände.

Vielleicht sträubte sie sich nur dagegen, wollte die Antwort nicht hören.

»Du kannst nur das hören, wofür deine Ohren offen sind.« Es war ihre eigene Stimme, die sie jetzt vernahm. Etwas in ihr lehnte sich noch auf.
»Ich habe ihm vergeben«, wiederholte sie trotzig.
Leise, wie aus einer großen Ferne, aber bestimmt und sehr sanft klang die Stimme ihrer Mutter nun:
»Ja, das mag sein, Isabell. Aber du hast vergessen, dir selbst zu vergeben.«
Mir selbst? Tränen liefen ihre Wangen herab, sie streckte die Zunge ein wenig nach vorn und schmeckte das Salz auf ihrer Haut.
»Mir selbst?«
Wo hatte sie denn einen Fehler gemacht? Was hatte sie sich zuschulden kommen lassen? Sie war zu hart gewesen. Sie hatte getan, was sie glaubte, tun zu müssen, aber nicht auf ihr Herz gehört. Sie dachte an ihre Entscheidung von damals zurück. An Elmars fassungslosen Ausdruck in seinem grauen Gesicht und daran, wie sie »nein« gesagt und sich einfach umgedreht hatte, um zu gehen. Sie spürte noch einmal diese Kälte von damals in sich.
War es das, was sie nicht zur Ruhe kommen ließ?
»Du musst nicht darüber nachdenken.« Wieder diese Stimme in ihr, die sich anhörte wie die der trotzigen, kleinen Isabell. »Das ist Schnee von gestern. Vergiss es einfach. Du musst dir keine Gedanken mehr darüber machen. Du hast alles richtig gemacht.« Ja, da war sie wieder, diese Kälte.
»Nein«, sagte sie laut. »Nein!« Aber sie wusste nicht mehr, was sie nun eigentlich zum Schweigen bringen wollte: den Gedanken, alles richtig gemacht zu haben, oder den, einen Fehler begangen zu haben. Vielleicht einen, der ebenso groß war wie der von Elmar.

Es ist still geworden auf den Straßen.
Viele Fensterläden sind geschlossen, hier und da dringt ein wenig Licht auf die Straße, wo es sich mit dem Schein der Straßenlaternen vereint. Man weiß nicht um die Schicksale der Menschen, die hinter den Fenstern der Häuser in der Wilhelmstraße leben, aber hier draußen wirkt alles ruhig und friedlich. Hin und wieder ein Auto, das leise durch die Straße brummt. Kaum noch hörbar, erklingt von irgendwo her Klaviermusik, Weihnachtslieder. Doch unvermittelt verstummt das Klavier.

Es ist seltsam, an Heiligabend alleine zu sein und Weihnachtslieder zu spielen. Als würde man in einer mondlosen Nacht durch einen Wald laufen und laut singen, um sich Mut zu machen, um das Knacken im Unterholz nicht zu hören.
Was ist schön, wenn man es nicht teilen kann?
Isabell spielte seit fast einer halbe Stunde, aber das Klavier schien heute leer zu klingen, ihr Spiel kam ihr trocken und hölzern vor, das Instrument wie ein Spiegel ihrer Seele. Töne ohne Leben. Ein Spiel ohne Erfüllung.
Sie könnte ihn ja auch anrufen.
Für einen kurzen Moment dieser Gedanke. »Ach was. Er ist bestimmt nicht zu Hause!« Ihre Finger lagen noch auf dem Klavier, glitten langsam von den Tasten.
»Vielleicht feiert er ja mit jemand anderem. Vielleicht hat er ja sogar schon wieder …« Eine Vorstellung, die ihr einen Stich versetzte. Wer weiß, was Elmar macht an diesem Weihnachtsfest. Er war immer so impulsiv, sprühte vor Leben, hatte dauernd irgendwelche Einfälle, mit denen man nicht rechnete. Ein wenig verrückt und doch immer liebenswert, seine Ideen und er selbst.

Isabell faltete das Notenblatt zusammen. Ein Lied ohne ein richtiges Ende. Sie überlegte: Im Sommer hatte Elmar jedenfalls noch keine andere Frau gehabt.
Sie setzte sich in den Ohrensessel.
Zwei kleine Päckchen hatte sie da liegen. Eines von Valerie, eines von Thomas, ihrem Chef. Sie beschloss, das von Thomas zuerst zu öffnen. Mozart: eine CD mit geistlichen Werken. Ein wenig musste sie nun doch lächeln. Es war irgendwie schön, wie Thomas sie und auch die Kolleginnen immer wieder mit einfühlsam ausgesuchten Kleinigkeiten bedachte. Sie erinnerte sich an den Betriebsausflug an die Donau. Eine Wanderung und dann eine Schiffsfahrt. Sie hatte erwähnt, dass sie erst einige von Mozarts Werken im Radio gehört und sich so daran gefreut hatte, offenbar hatte er es sich gemerkt.
Dann öffnete sie das Päckchen von Valerie. Eine feine Schokolade, ein Buch mit Kurzgeschichten, vier Kinogutscheine. Sie drehte die Karte um, die Valerie dazugelegt hatte: »Alles Liebe und Gute zu Weihnachten! Und im neuen Jahr gehen wir beide mal wieder ins Kino. So wie früher: nur wir beide!« Es war Valerie nicht entgangen, dass sie mit Chris nichts anfangen konnte. Es tat ihr ein wenig leid … Vielleicht war er ja gar nicht so übel. Vielleicht war es einfach nur eine Situation, in der ihr sowieso niemand recht gewesen wäre.
Sie nahm ihr Handy und begann zu schreiben: »Frohe Weihnachten, Valerie! Ich freu mich aufs Kino mit Dir – Liebe Grüße an Euch beide! Isabell«. Dann legte sie das Handy zurück auf den Tisch. Vielleicht würde Valerie ja zurückschreiben, ein paar kurze Worte.
Eine innere Unruhe erfasste Isabell, sie wusste selbst nicht, warum. Sie hörte zwei Autotüren, die vor dem Haus zugeschlagen wurden, ein Motorengeräusch, das sich entfernte.

Sie stand auf, ging zum Fenster und schaute hinunter auf die Straße, aber man sah schon nichts mehr von diesem Auto. Es waren ja auch zwei Autotüren gewesen, die sie gerade gehört hatte.
Vermutlich war niemand außer ihr heute Nacht allein.
Ob überhaupt irgendjemand an sie dachte? Ob dieses Gefühl, dass etwas von Mutter noch hier war, eine Illusion war? Ob sie sich Mutters Stimme nur einbildete, wenn sie sie in sich zu hören glaubte – oder war da doch vielleicht wirklich noch etwas? Ob ihre Mutter sie sehen konnte, wie sie hier in der Wohnung saß? Oder vielleicht noch tiefer in ihr Herz blicken konnte, als sie es doch schon zu Lebzeiten getan hatte? War das alles nur eine Einbildung, oder gab es eine Verbundenheit, die nicht mit dem Leben hier endete?
Und selbst wenn ihre Mutter sie nicht sehen konnte: Ob sie doch eine Ahnung hatte, dass sie hier war oder an sie dachte?
Ein Geräusch. Sie stand auf. Ein Kratzen aus der Tür zum Flur. Seltsam. Es schien aus Mutters Schlafzimmer zu kommen. Sie öffnete die Tür. Aber das Geräusch war nicht mehr zu hören. »Hallo?«, fragte sie etwas unsicher. Sie schaltete das Licht an. Ihr Blick fiel auf ein schwarzweißes Foto, das ihre Mutter im Alter von etwa vierzig Jahren zeigte. Ein fröhliches Gesicht, ein Glanz in den Augen, ein Blick, fast als wäre sie da. Dann wieder das Kratzen. Es kam unten vom Hof her, sie trat ans Fenster: jemand der die Scheiben seines Wagens vom Eis befreite. Dann ging sie zurück ins Wohnzimmer. Eine Flasche Wein, ein Druck auf die Fernbedienung des Fernsehgerätes: Man sucht die Stille, wenn man den Lärm dieser Welt nicht mehr erträgt. Aber dann braucht man das Fernsehgerät und den Wein, um die eigenen Gedanken und Fragen zum Schweigen zu bringen. Um nicht zu hören, was aus dem Inneren kommt.

Bläuliches Flimmern, das von den Wänden reflektiert wurde, erfüllte den Raum, drang in den Wohnungsflur und aus dem Fenster hinaus in die Nacht, der Abspann irgendeines Weihnachtsmärchens.
Warum geht in Filmen immer alles gut aus? Oder hören sie einfach nur an der besten Stelle auf? Muss man Fehler verzeihen, um leben zu können? Wenn man jeden Fehler verzeiht, geht das nicht gegen die Selbstachtung? Was ist Selbstachtung, Isabell? Die Achtung vor dem Verstand oder ein achtsamer Umgang mit der feinen Stimme des Herzens? Muss man sich am Ende selbst überwinden, ist das der Sieg?
Happy End? Aber was, wenn der Prinz am Ende kein Held ist? Weil er Fehler hat und Fehler macht? Kann das Leben dann auch noch ein Märchen sein?
Es erscheint eine Uhr auf dem Bildschirm, der Sekundenzeiger strebt der vollen Minute entgegen. Nachrichtenzeit. Irgendwo im Nahen Osten ein Waffenstillstand, der nicht sicher ist. Und danach? Die Realität: Krieg in der Welt. Krieg – ist das die Sprache des Herzens oder die eines Verstandes, der die eigene Gerechtigkeit einfordert und eine vermeintliche Selbstachtung vor die Liebe stellt? Der Wein ist nicht gut, vielleicht nur zu warm.
War sie denn selbst unfehlbar? Welche Fehler hatte sie gemacht? War sie auch anfällig gewesen? Sie erinnerte sich, dass auch sie selbst immer wieder gern gescherzt oder gar geflirtet hatte. Merkwürdig, seit sie nicht mehr mit Elmar zusammen war, hatte sie kein Verlangen danach. Sie zog ein Kissen näher zu sich und drückte es an sich.
Ob er wohl auch an mich denkt? Gerade jetzt an Weihnachten? Könnte man die Zeit zurückdrehen? Oder mit diesen Erfahrungen im Hintergrund noch einmal anfangen?

Sie lauschte. Jemand sang auf der Straße lallend »Stille Nacht«. Es mischte sich mit der Stimme der Nachrichtensprecherin. Ein Blick auf die Uhr: Viertel nach zehn.
Isabell beschloss, bald ins Bett zu gehen. Sie dachte darüber nach, sich noch einmal bei Elmar zu melden, als das Telefon klingelte.
Wer würde hier anrufen? Valerie war doch die Einzige, die wusste, dass sie hier war, und die diese Nummer kannte, aber die würde sich eher auf ihrem Handy melden.
Isabell nahm den Hörer ab.
»Hallo, Isabell.«
Sie hörte ein verlegenes Lachen.
»Also, ich wollte nur sagen: Also ich bin's. Weißt du, ich dachte … also übrigens: frohe Weihnachten. Ja, also ich wollte dich fragen, ob du mit mir Eis essen gehen würdest.«
Elmar. Er hatte also doch an sie gedacht.
»Wie bitte? Ja, frohe Weihnachten, Elmar!« Ihre Stimme klang, unsicher. »Ein Eis? Jetzt?«
Das Eis: eine Anspielung. Unwillkürlich musste sie an den Nachmittag denken, an dem sie ihn kennengelernt hatte. Als sich dieser unbekannte Mann, mit dem sie sich am Bahnsteig unterhalten hatte, im letzten Augenblick aus dem bereits anfahrenden Zug drängte, um sie in ein Eiscafé einzuladen.
»Ja, jetzt.« Elmar klang fröhlich. »Oder eben irgendwann«, fügte er hinzu. Er legte eine kleine Pause ein. »Es kann auch ein andermal sein … oder – eben doch am besten gleich jetzt.«
»Bist du denn hier?«
»Ich? Ja klar. Ja. Also, in Frankfurt.«
Er war doch nicht hier in der Gegend. Schade, sie hätte ihn so gerne gesehen.

»In Frankfurt? Elmar, vielleicht machen wir das dann doch lieber ein andermal?«
»Nein, warum?«
Sie wusste nicht so recht, was sie sagen sollte. Und Elmar ging es genauso. Ein Schweigen. Aber dann setzten beide zeitgleich wieder an.
»Also …«, hörte sie Elmars Stimme.
»Na ja, das sind ja zweieinhalb Stunden Fahrt bis hier.« Isabell nahm das Telefon und setzte sich auf den gepolsterten Stuhl, der im Flur stand.
»Ach so. Wieso, wo bist du denn?« Elmar, dieser liebenswerte Chaot.
»Na, Elmar«, jetzt musste Isabell lachen. »Du hast mich doch angerufen. Ich bin bei Mutter. In ihrer Wohnung.«
»Ach …?« Elmar klang erstaunt. »In der Wohnung deiner Mutter?«
»Ja. Elmar, du hast doch ihre Nummer gewählt!«
»Ach? Ach so. Aha. Ich dachte, ich hätte deine Nummer gewählt. Dann bist du gar nicht bei dir zu Hause?«
»Nein …«
Sie hatte für einen Moment das Gefühl, dass es ein Fehler gewesen war, hierherzufahren. Sie wusste wieder nicht, was sie sagen sollte, dabei hätte es so viel gegeben, das sie mit ihm teilen wollte.
Vielleicht ging es Elmar genauso, auch er schwieg wieder.
Unten auf der Straße immer noch diese Stimme, die die »Stille Nacht« besang. Ein Betrunkener wohl. Vielleicht Herr Gruber.
Seltsam, dieses Schweigen am Telefon. Wenn man sich doch eigentlich so viel zu sagen hätte. Dann redeten sie schon wieder beide gleichzeitig.
»Wie geht's dir denn, Elmar?«, wollte sie wissen, während Elmar im gleichen Moment seine Frage wiederholte:

»Mh, wie ist es denn jetzt? Sollen wir das mit dem Eis machen?«

Er war immer noch so verrückt wie damals.

»Tja, na ja – wie's mir geht? Geht schon so, oder? Ich weiß nicht. Eigentlich nicht so besonders eben, meistens. Ist eben so. Ist eben jetzt so.«

Isabell überlegte. »Ist wohl ein wenig weit und sehr spät für ein Eis.«

»Warum? Wie spät ist es denn?«

»Zwanzig nach zehn.« Ja, es wäre schön, er könnte wirklich kommen.

»Dann wäre ich ja gegen eins da. Also bei dir. Wenn es dir nicht zu spät ist?«

Warum zögerte sie? Warum sagte sie nicht einfach ja? Ein Durcheinander, es kam so plötzlich, es machte sie sprachlos, all diese Gedanken in ihr: »Du kannst jetzt nicht einfach ja sagen.« – »Ein Eis. Was er sich wohl dachte!« – »Doch, Isabell, du musst!« – »Du kannst Elmar nicht mitten in der Nacht diese weite Fahrt machen lassen.« – »Wenn ihm etwas passiert, Isabell? Verschieb es einfach. Triff dich ein anderes Mal mit ihm.« – »Du musst ja sagen. Jetzt.« – »Nein, das geht nicht.«

»Wenn du es willst, dann sag einfach nur ja.«

Der letzte Gedanke trug wieder Mutters Stimme. Ganz leise und sanft, ein klarer Klang aus einer weiten Ferne.

Elmars Stimme klang ein wenig enttäuscht. »Ich versteh schon … Ist ja auch ein wenig plötzlich.«

Aber dann wusste sie es. »Nein, Elmar, es wäre schön, wenn du kommst.«

»Nicht wahr? Ja gut! Sehr gut! Ich bin gleich da.«

Ein Klicken am Telefon. Immer noch hielt sie den Hörer in der Hand. Sie sah nach unten und bemerkte fast erstaunt, dass ihre Hand zitterte. War das wirklich Elmar gewesen?

Würde er wirklich kommen? Sie spürte, wie aufgeregt sie war.
Ein eigenes Gefühl. Lachen und zugleich weinen.

Ein einzelner Glockenschlag in der nächtlichen Stille. Und nur ein Fenster in der Wilhelmstraße, aus dem noch Licht dringt und hinter dem immer wieder die Schemen einer Frau zu sehen sind. Einer Frau, die immer wieder zum Ende der Straße schaut, als erwarte sie ungeduldig späten Besuch.

Isabell überlegte, wie Elmar das mit dem Eis überhaupt anstellen wollte, so spät an Heilig Abend, aber ihm würde sicher etwas einfallen.
Sie dachte darüber nach, warum sie heute mit allem anders umgehen konnte als damals. Aber würde sie ohne diese Vergangenheit nicht doch wieder die gleichen Entscheidungen fällen? Waren es nicht diese Erfahrungen, auch die mit ihr selbst, die sie verändert hatten? Sie war gerecht gewesen, aber eben nur mit dem Verstand. Waren es nicht immer gerade diese Entscheidungen, die sie – manchmal gegen ihr Bauchgefühl – nur mit dem Kopf gefällt hatte und die sie später unglücklich gemacht hatten?
So vieles ging ihr durch den Kopf.
Zweimal zog sie sich um. Immer wieder fiel ihr dieser heiße Nachmittag ein, ein Sommertag vor mehr als fünfzehn Jahren, als sie sich am Bahnhof kennengelernt hatten. Eigentlich nur zufällig, sein Zug hatte fast eine Stunde Verspätung. Sie hatte ihn gleich gemocht, er war so anders. So angenehm verrückt. Und dann, kurz bevor er fast für

immer verschwunden war, war er wieder aus dem Zug ausgestiegen, hatte sich mit aller Macht gegen die Tür gedrückt und war herausgesprungen, am schimpfenden Schaffner vorbei, und hatte sie gefragt, ob sie mit ihm ein Eis essen gehen würde. Sie hatte sich gewundert, dass er seine Termine an diesem Tag so einfach hatte sausen lassen.

»Jetzt oder nie!«, hatte er lachend gesagt. Sie gingen in ein feines Café in der Bahnhofstraße. Ein Stück Erdbeere fiel ihr auf das weiße Kleid; beim Versuch, es zu reinigen, versuchte er mit einer Serviette zu helfen. Unvermittelt lagen sie sich in den Armen.

Nicht einmal ein Jahr danach heirateten sie. Und obwohl es nun schon drei Jahre her war, dass sie sich getrennt hatten, waren sie aus irgendeinem Grund bis heute nicht geschieden. Lange hatte sie nicht so recht gewusst, warum sie diesen letzten Schritt nicht auch noch hinter sich gebracht hatte. Aber jetzt war da eine Ahnung in ihr, eine Antwort auf diese Frage.

Immer wieder ging sie zum Fenster. Jedem Auto, das in der letzten Stunde vorbeigefahren war, sah sie nach. Dann, gerade als sie sich wieder einmal in den Sessel gesetzt hatte, klingelte es. Sie drückte den Türöffner, aber die Haustür war schon abgeschlossen. Schnell rannte sie die Treppe hinunter und öffnete dem späten Gast.

Elmar stand vor ihr. Er hatte sogar irgendwo noch einen Blumenstrauß aufgetrieben. Er trug eine Kapuze, ein paar Haare schauten heraus, er war grau geworden, es stand ihm gut.

»Komm rein. Es wird kalt.«

Elmar kam auf sie zu.

»Danke«, sagte er. Dann zog er sie zu sich.

Ein Moment wie eine kleine Ewigkeit.

Der vielleicht so lang erschien, weil sie jahrelang darauf gewartet hatte, ohne es zu wissen? Ein Fallenlassen, das sie noch einen Tag zuvor nicht gewagt hätte. Eine Sehnsucht, die im Stillen schon lange wartete. Eine Umarmung, die sie noch kurz zuvor nicht zugelassen hätte und auf die sie in diesem Augenblick nie mehr verzichten wollte.

»Du …«, Elmars Stimme klang gepresst, »… erdrückst mich.« Isabell ließ ihn los, fasste ihn nur noch an den Schultern und sah ihm ins Gesicht.

»Hast du nicht mal gesagt, ich würde dich nicht richtig umarmen? Warst nicht du das, Elmar?« Sie lachte.

»Kann mich nicht mehr erinnern.« Er grinste.

»Du lügst.«

»Muss jedenfalls schon länger her sein.«

»Ja.« Ihre Stimme wurde ruhiger. »Alles ist schon so lange her.«

Er sah ihr jetzt nicht mehr ins Gesicht, sondern senkte seinen Blick.

»Und jetzt?«, fügte sie schnell hinzu.

»Wollen wir gleich? Ich hab auf dem Weg eine Tankstelle gefunden, die noch so etwas wie ein einigermaßen erträgliches Café hat. Ist keine fünf Kilometer von hier, und da könnten wir noch ein Eis bekommen.«

»Du willst also jetzt wirklich noch zum Eisessen?«

»Sicher! Deshalb bin ich doch hergekommen!«

Sie sah ihn vorwurfsvoll an. »Danke für die Blumen. Wie nett! Du wirst aber doch danach nicht gleich wieder … nach Hause fahren?«

Er drehte den Kopf ein wenig zur Seite hoch und zog die Schultern mit fragender Miene hoch. »Weiß nicht. Ich kann mich ja schlecht einfach ungebeten bei dir einquartieren, oder?«

Sie lachte. »Ich hol mir nur noch schnell eine Jacke und stell die Blumen in eine Vase.«

Wenig später saßen sie im Auto und fuhren durch die Nacht. Sie redeten kaum ein Wort. Ab und zu schaute Isabell aus dem Auto, dann wieder in sein Gesicht. Mit ihm in einem Auto zu sitzen: Eine schüchterne Beklommenheit und zugleich eine vertraute Sicherheit umgaben sie. Spannung und Ruhe in einem.
Sie verspürte ein angenehmes, umsorgtes Gefühl, als er an der Tankstelle eilig ausstieg und um das Auto lief, um ihr die Tür zu öffnen. Eis aus der Truhe aussuchen. Wie damals in dem kleinen Tante-Emma-Laden, als sie noch ein Kind war. Lachen.
Der Kassierer der Tankstelle, der ihnen hinterherlief. »He! Sie können sich nicht einfach hier drüben hinsetzen mit dem Eis aus dem Shop. Jedenfalls nicht, ohne sich irgendetwas dazu zu bestellen.«
»So?« Elmar schaute ihn mit etwas übertriebener Miene groß an. »Na, dann bringen Sie uns doch irgendetwas dazu.«
»Ja und was?« Der Mann war sichtlich überrascht.
»Na, irgendetwas dazu eben.«
Isabell kicherte.
»Na, sie müssen mir schon sagen, was.«
»Eben etwas, das wir haben müssen, damit wir hier sitzen dürfen.«
»Aber *Sie* müssen doch wissen, was Sie bestellen wollen«, meinte der Mann.
»Na ja, wir wollen etwas bestellen, um hier sitzen zu können.« Mit dem Eis in der rechten Hand fasste Elmar nach ihrer linken.
»Moment«, rief ihm der Kassierer zu. Er schien zu überlegen. Aber dann drehte er sich um und ging zur Kasse. »Ach, machen Sie doch, was Sie wollen. Ist ja eh Weihnachten. Also bleiben Sie meinetwegen da sitzen. Aber dass Sie

mir nicht zum Schluss das Papier noch irgendwo hinwerfen, ja?«

Elmar grinste. »Gewonnen!« Dann zog er ihre Hand noch ein Stück näher: »Mir ist hundekalt. Ein Eis mitten im Winter …«, setzte er in einem vertraulich, leisen Ton dazu.

Isabell schaute auf sein Eis. »Du darfst es nicht so schnell essen. Du bist ja schon fast fertig, und ich hab gerade erst angefangen.«

Aber dann hatte auch sie ihr Eis aufgegessen, und sie saßen da und schauten sich an, die Hände auf dem Tisch ineinandergelegt, und schwiegen.

»Und jetzt?«, begann er, die Stille durchbrechend. Er war leise und ernst geworden. »Wie ist es jetzt? Ich meine, wie wird es jetzt?«

Isabell wusste nicht, was sie auf diese Frage antworten sollte.

»Damals«, sagte er dann und schien nach den richtigen Worten zu suchen. »Also damals, Isabell … Du wolltest immer eine Erklärung für alles. Und ich – ich hatte selbst keine. Ich habe versucht, darüber nachzudenken, weißt du? Ich konnte es mir – es klingt vielleicht komisch –, aber ich konnte es mir selbst nicht erklären. Eigentlich gibt es auch keine Erklärung. Aber ich bin es dir schuldig, ich will es versuchen …«

»Nein.«

Isabells Stimme klang bestimmt. »Es ist zu spät, Elmar. Ich will es nicht mehr wissen.«

Elmar sah ihr erschrocken ins Gesicht.

Dann beugte sie sich nach vorn und zog ihn über den Tisch zu sich. Elmar versuchte noch etwas zu sagen, aber er konnte seinen Satz nicht mehr wirklich beenden. Sie hörte etwas, das so klang wie: »Sie dürfen die Braut jetzt küssen.«

Würde jemand diese Stadt von weit oben betrachten, so käme ihm alles etwas heller vor als in den Tagen zuvor. Es ist Schnee gefallen, früh am Morgen, nicht viel – lange bevor es hell wurde. Hauchzart liegt dieser Schnee über allem, strahlt da unten immer wieder im warmen, gelblichen Winterlicht der Sonne, die hin und wieder die Wolken durchbricht. Es ist ein stiller erster Weihnachtsfeiertag. Hier oder da fährt ein Auto oder eine Straßenbahn, über allem liegt eine festliche Ruhe. Würden wir in die Wilhelmstraße schauen: Sie wäre fast leer. Nur ein paar Kinder wären zu erkennen. Kinder mit neuen Schlitten und ein Junge, der mit einem neuen Fotoapparat seine ersten Fotos macht und seinen Freunden immer wieder zuruft, wie sie sich aufstellen sollen.

In der Wilhelmstraße 22, im ersten Stock, wo bis zum letzten Sommer noch eine ältere Dame wohnte, sind die Jalousien, die um diese Zeit immer geöffnet sind, noch geschlossen.

Ein wenig Licht fiel nun, um kurz vor halb zehn am Vormittag, doch durch den Wohnungsflur in das Schlafzimmer. Isabell streichelte sanft über Elmars Locken, und sie hörte etwas wie ein Knurren, ehe er sein Gesicht noch tiefer in das Kissen drückte. Bis vor kurzem hatte er sie noch so fest im Arm gehalten, dass sie kaum schlafen konnte – zumal das Bett gar nicht für zwei Personen gedacht war. »Eigentlich hätten wir ja auch in Mutters Schlafzimmer übernachten können, dort wäre viel mehr Platz gewesen«, sagte sie sich im Stillen.

Da waren sie wieder, die Gedanken und die Stimme ihrer Mutter. Konnte sie sehen, dass Elmar da war? Oder hatte sie vielleicht zumindest eine Ahnung von allem, was hier geschah?

Oder war das alles nur Einbildung?

Mit einem Mal war sich Isabell ganz sicher, dass sie sich nichts eingebildet hatte: dass ihre Mutter auf irgendeine Weise einen Einfluss auf alles gehabt hatte. Auf sie. Und vielleicht nicht nur auf sie. Etwas war spürbar, fühlte sich nach Mutters schützender Gegenwart an. Etwas, das man nicht beschreiben konnte – und es fühlte sich gut an. Sie überlegte, ob sie mit Elmar darüber reden sollte.

Ein unerwartetes Geräusch, das ins Zimmer drang. Als ob die Wohnungstür sich bewegte, ein leises Knarren, zuerst kaum hörbar. Dann glaubte sie Schritte zu vernehmen. Sie hatte doch gestern Abend abgeschlossen, den Schlüssel von innen in das Schloss gesteckt. Täuschte sie sich? Dann hörte sie die Tür leise ins Schloss fallen.

Isabell stand auf, schlich barfuß in die Diele. Die Wohnungstür war tatsächlich fest verschlossen, und der Schlüssel steckte von innen, wie sie es in Erinnerung hatte.

Seltsam. Sie war ganz sicher, dass sie etwas gehört hatte, jetzt noch einmal Schritte hörte. Sie öffnete die Tür. Ein Blick in den Hausflur. Ein Knarren von weiter oben im Haus.

»Hallo?«, fragte sie in das leere Treppenhaus hinaus.

Aber niemand antwortete.

»Mutter?«, fragte sie nun leiser, fast wie zu sich selbst. Und dann wurde ihr klar, dass auch dieses »Etwas« in ihr, das sich wie Mutter angefühlt hatte, nun nicht mehr spürbar war. Verschwunden. Irgendwo in einer unerreichbaren Ferne.

Ein leises Murmeln aus dem Schlafzimmer. »Isabell, wo bist du?«

Isabell starrte noch immer die Treppe hinauf. »Auf Wiedersehen, Mama … Und danke für alles. Danke!«

»Was ist? Wo bist du?« Elmars Stimme aus dem Schlafzimmer.

»Ach, nichts …« Immer noch stand Isabell in der offenen Tür, schaute hinaus, während Elmar sich von hinten näherte und seine Arme um ihre Schultern legte.

»Ich bin aufgewacht, weil du weg warst, und ich habe mich leer gefühlt. Für einen Moment …« Er holte tief Luft, ehe er seinen Satz beendete: »… hatte ich die Sorge, du hättest es dir anders überlegt, und ich wäre nun wieder allein … Ich glaube, das könnte ich nicht mehr aushalten. Mein Herz würde es nicht mehr ertragen, dieses Gefühl, dich verloren zu haben.«

Dann fiel sein Blick auf die offene Tür.

»Du wolltest doch nicht im Nachthemd nach draußen gehen?«, fragte Elmar sanft.

»Nein. Ich dachte nur, ich hätte Geräusche gehört.«

»Na ja, vielleicht jemand aus dem Haus?« Ja, Elmars Gedanke wäre eine einfache Erklärung gewesen.

»Wollen wir frühstücken?«, entgegnete Isabell ihm schnell.

Elmar schaute sie erstaunt an, dann strahlte er.

»So, wie du jetzt gerade geschaut hast, siehst du aus wie deine Mutter auf diesem schönen, alten Schwarzweißfoto in ihrem Schlafzimmer.« Dann zog er sie sanft zur Küche. »Ich mach jetzt erst mal einen Weihnachtskaffee.«

Etwas war wohl doch auch jetzt noch von ihrer Mutter in dieser Welt geblieben.

Etwas, das viel mehr war als nur eine leere Wohnung, ein Schwarzweißfoto, eine farblose Erinnerung.

Dank

Vielen Dank für alle, die mir bei diesen Buch geholfen haben. Denen, die mich nach den »Wahren Weihnachtswundern« ermutigt haben, weiter zu schreiben. Denen, die mir mit ihrer Kritik geholfen haben, mich weiterzuentwickeln. Vor allem aber meiner Frau Renate für die vielen Anregungen und Ermunterungen; meinen Eltern und meinem Freund Ralf für ihre Rückmeldungen zu diesen Erzählungen; Christiane Schlüter für die Schreibseminare, in denen ich immer wieder viel lerne, und Jürgen Bolz für das sorgsame und einfühlsame Lektorat.

Friedberg, im Juni 2012
Georg Lehmacher